中学入試

新傾向 集中レッスン

国語 読解・記述の問題

会話　複数文章　ノート　自由記述

文英堂

はじめに

科学技術《ぎじゅつ》の進化によって世の中が大きく変化していく中で、「求められる学力」も時代によって変わってきました。さまざまな問題に直面し、先が読めない現代《げんだい》では「未来の社会を切り拓《ひら》くための資《し》質《しつ》や能力《のうりょく》」が必要だと言われています。

日本でも大学入試をはじめ、高校、中学校そして小学校の教育内《ない》容《よう》も改革《かいかく》が進められていますが、中学入試でも**以前にはなかった形式の国語の問題**が出題されるようになってきました。文章だけでなく図やイラストなどの**資料**を読み取る問題や、**グラフ**や**表**を読み解《と》く問題、**複数《ふくすう》の文章**を読み比《くら》べて関連づける問題、そして何人かの間で交わされる**会話**を通して正しい答えを見つける問題などが多くの学校の入試問題で出題されています。

このような**「新傾向《しんけいこう》問題」**を解くには、思考力・判断《はんだん》力・表現力が必要になります。これまで大学入試もふくめた「受験勉強」の中には「文章は全部読まず、傍線《ぼうせん》の近くだけ読んで解けばよい」「選《せん》択肢《たくし》の中で大げさな表現のものを取り除《のぞ》けばよい」といった合格点を取ることだけを目的にした、本来の「学び」とかけはなれた「技術」を強調する教え方もありました。しかし、現在《げんざい》の中学入試問題は高度に練り上げられており、そのような勉強は通用しませんし、**「新傾向問題」にもいわゆる「裏《うら》ワザ」はまったく歯が立ちません。**

「新傾向問題」はいくつかの出題形式に分類されます。それぞれの形式に応《おう》じた**着眼点《ちゃくがんてん》**を知り、解き進めていく**アプローチの仕方**を身につけておくことが効果的《こうかてき》な学習法です。

この本では、これまで中学入試で出題された「新傾向問題」を分《ぶん》析《せき》し、次の四つの種類に分類しています。

1 「会話の問題」
2 「複数文章の問題」
3 「ノート・メモの問題」
4 「自由記述の問題」

それぞれのテーマについて、はじめに**「例題」**で着眼点と解き方を示《しめ》したうえで、**「練習問題」**そして**「入試問題」**とステップアップしていけるように構成《こうせい》されています。特に練習問題には、**「読解ナビゲーション」**と**「解答ナビゲーション」**をつけ、文章や資料の読解法や設問《せつもん》の解法を示していますので、国語が苦手な人にとっても学習しやすくなっています。

この本で「新傾向問題」を解くメソッドを学び、問題の本質をつかむスキルを身につけていただけることを、心より願っております。

海老原 成彦

本書の特長

例題 で「新傾向《しんけいこう》問題」の解《と》き方がしっかりわかる！

「例題」では、「会話」「複数文章」「ノート」「自由記述」などの「新傾向問題」の**着**《ちゃく》**眼点**《がんてん》や**アプローチの仕方**を丁寧《ていねい》に解説《かいせつ》しています。

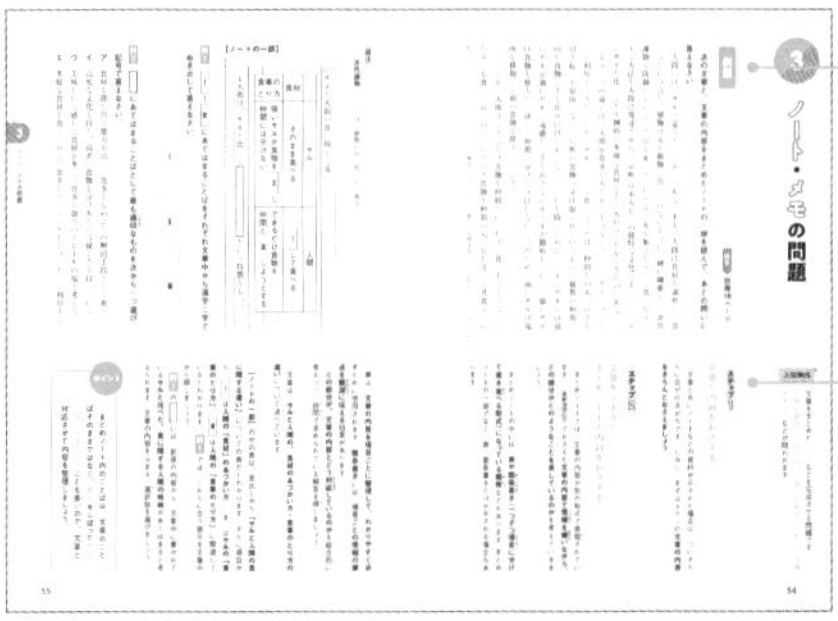

代表的な出題パターンの「例題」を掲載《けいさい》しています

解くための手順を一つずつ確認《かくにん》できます

ナビゲーションつき練習問題 で解き方が身につく！

「読解《どっかい》ナビゲーション」と**「解答ナビゲーション」**にしたがって問題を解いていくことで、「新傾向問題」の解き方がしっかりと身につきます。

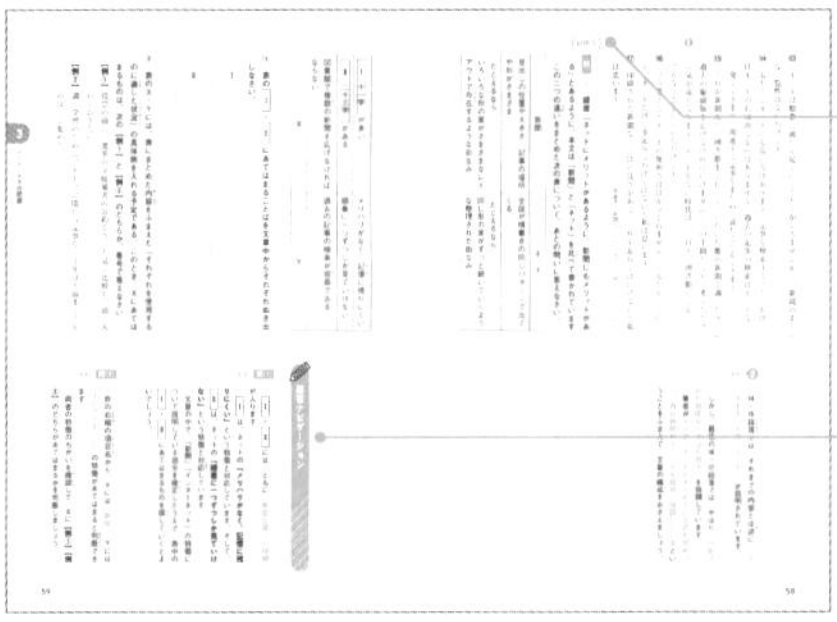

新傾向問題には（新傾向）アイコンがついています

正しく解くための手順がわかります
※ナビゲーションの番号は上段《じょうだん》についている番号に対応《たいおう》しています

入試問題にチャレンジ で実戦練習ができる！

実際《じっさい》の**入試問題**で「新傾向問題」にチャレンジします。「例題」と「ナビゲーションつき練習問題」で学んだことをいかして取り組みましょう。

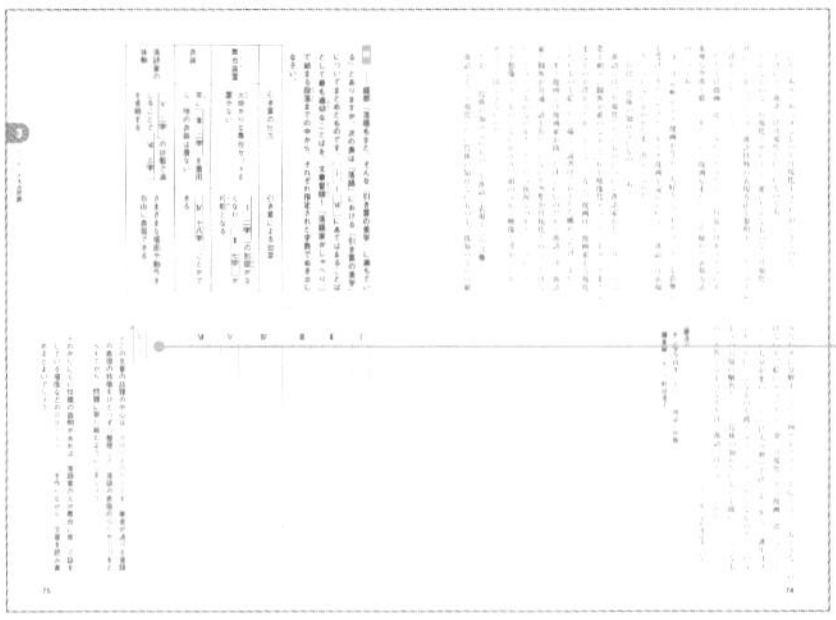

ヒントがついているので、入試レベルの問題も自分の力で考えることができるようになっています

もくじ

1 会話の問題

例題……6
ナビゲーションつき練習問題①……8
ナビゲーションつき練習問題②……10
ナビゲーションつき練習問題③……12
ナビゲーションつき練習問題④……16
入試問題にチャレンジ……20

2 複数文章の問題

例題……24
ナビゲーションつき練習問題①……26
ナビゲーションつき練習問題②……30
ナビゲーションつき練習問題③……36
ナビゲーションつき練習問題④……42
入試問題にチャレンジ……48

3 ノート・メモの問題

例題……54
ナビゲーションつき練習問題①……56
ナビゲーションつき練習問題②……60
ナビゲーションつき練習問題③……64
ナビゲーションつき練習問題④……68
入試問題にチャレンジ……72

4 自由記述の問題

例題……76
ナビゲーションつき練習問題①……78
ナビゲーションつき練習問題②……80
ナビゲーションつき練習問題③……84
入試問題にチャレンジ……88

1 会話の問題

例題

次の会話文を読んで、あとの問いに答えなさい。

解答 別冊2ページ

Aさん　今度、学校の正門前のスペースに花だんを作ることになったんだけれど、春に向けて何を植えればいいと思う？
Bさん　それはすてきだね。春向けの花だんなら、チューリップなんかがいいんじゃないかな。
Aさん　チューリップか。チューリップはいろいろな色があるから、植えると花だんがカラフルになっていいね。
Cさん　ただ、花が咲《さ》いても、十日くらいでかれてしまうのが欠点かな。
Aさん　なるほど、そういう問題もあるのか。
Cさん　でも、チューリップも、早咲《はやざ》きや遅咲《おそざ》きの品種をいっしょに植えれば、花だん全体では長い間楽しめるよ。
Bさん　そうか、［　　］ことによって、長く楽しめる花だんになるんだね。ほかの種類なら、パンジーやペチュニアがいいかもね。パンジーは冬から五月まで、ペチュニアは春から秋まで花を楽しめるみたいだよ。
Aさん　それじゃあ、今聞いた話を参考に、さっそく球根や苗《なえ》を用意しようかな。花だんの完成を楽しみにしていてね。

入試傾向

複数人《ふくすうにん》で行った**会話文**の内容《ないよう》を読み取る問題です。**話の流れや結論《けつろん》を正しくつかみ、それに対する自分の意見を考える力**などが問われます。

ステップ1

会話の話題・議題をおさえる

基本的《きほん》に、問題の会話文には、中心となっている**話題・議題**があります。**何について話しているかを考えてみましょう。**

話題・議題は、**文章や資料**《しりょう》の場合もあります。その場合は**先に文章や資料を見て、内容を正確**《せいかく》**におさえておきましょう。**

ステップ2

発言のつながりの関係をつかむ

会話文では、**話題**や**議題・直前までの発言**を受け、それに対する**発言をする**ことが**くり返されて**います。

よって、この**くり返し＝発言のつながり**の関係をつかむと、会話の内容を正しく読み取ることができます。

「この発言は、話題・議題のどの要素《ようそ》**・どの発言を受けていて、どんな意図を持つのか？」**と常《つね》に考えながら読むとよいでしょう。

問1 ——線部「そういう問題」の内容として最も適切《てきせつ》なものを次から一つ選び、記号で答えなさい。

ア　チューリップはいろいろな色があり、花だんがカラフルになること。
イ　チューリップは花が咲いても、短い期間でかれてしまうということ。
ウ　チューリップは春向けの花だんには、ふさわしくない花だということ。
エ　チューリップよりも、花だんに植えるのにふさわしい花があること。

〔　　〕

問2 ［　　］にあてはまることばとして最も適切なものを次から一つ選び、記号で答えなさい。

ア　冬から秋にかけての期間で球根や苗を植える
イ　丈夫《じょうぶ》で育てやすい種類の花を選んで植える
ウ　いろんな開花時期の花を組み合わせて植える
エ　花の配置やボリュームに気をつかって植える

〔　　〕

問3 この会話のあとに、Aさんはどのようなことをしたと考えられますか。最も適切なものを次から一つ選び、記号で答えなさい。

ア　花だんの手入れに必要なじょうろやスコップなどの道具を用意した。
イ　花だんに植えるための、いろんな形や色の花の球根や苗を用意した。
ウ　花だんにまく、異《こと》なる種類の植物が育てやすくなる肥料《ひりょう》を用意した。
エ　花だんに植えるための、開花時期の異なる花の球根や苗を用意した。

〔　　〕

ステップ③

会話全体の流れと結論を読み取る

ステップ②でつかんだ**発言のつながり**をもとに、会話全体の流れや、最終的な会話の結論を読み取りましょう。

問1は、直前までに述《の》べられている「問題」の内容が問われています。それまででチューリップの話をしており、直前でCさんが、**チューリップ**は「**十日くらいでかれてしまう**のが欠点」と述べていることから考えます。

問2は、［　　］にあてはまることばが問われています。直前で「早咲きや遅咲きの品種をいっしょに植えれば」、長い間花だんの花を楽しめる、と話していることから考えます。

問3は、この会話の後のAさんの行動について問われています。**Aさんの最後の発言**や、花だんに植えるなら、**開花時期の異なるチューリップやパンジー、ペチュニアの花がよいのではないか**と話していることから考えます。

ポイント

発言の先頭に注目し、会話参加者の**名前と人数**を先にチェックしておくと、会話の流れをつかみやすくなります。

ナビゲーションつき練習問題❶

新傾向

問　次の文章は小学校六年生の会話です。みなみの発言の①～④にあてはまることばとして最も適切《てきせつ》なものをそれぞれあとから一つずつ選び、記号で答えなさい。

（神奈川・湘南白百合学園中）

しょうこ　「中学生になったら、❶小学校の時よりも高度な学習をするらしいね」
ゆりこ　「そうなの？　例えば国語ではどんなことを学ぶのかしら」
しょうこ　「私《わたし》の姉は今度中学三年生だけど、一年生の時の教科書をこの前見せてもらったの。そうしたら、現代《げんだい》の物語文や説明文に交じって『竹取物語』があって…」
みなみ　「①」
ゆりこ　「❷そうよね、もっと難《むずか》しい文章を読むのかと思っていたのに」
しょうこ　「私もそう思ったの。それで姉に同じ質問《しつもん》をしてみたの。そうしたら、姉もそう思っていたって」
ゆりこ　「そうよね」
みなみ　「②」❸
しょうこ　「でもね、姉は続けてこう言ったの。『自分が知っていたお話と同じだけど、知らないことばかりだった』」
ゆりこ　「えっ、同じでしょう？　かぐや姫《ひめ》は竹の中から発見されて、月の

解答　別冊2ページ

読解ナビゲーション

ナビ❶

まず、この会話文の主題、会話参加者と人数をおさえます。

会話の発言の先頭に注目すると、**しょうこ・ゆりこ・みなみの三人**が会話をしているとわかります。

また、しょうこの一つ目の発言にある**「高度な学習」**がこの会話の主題です。

ナビ❷

ゆりこは、みなみの「①」という発言を受けて、「そうよね、もっと難しい文章を……」と返答しています。

『竹取物語』は自分たちにもなじみがあることから、**高度な学習だとは思えていない**ようです。

世界に帰っていくのでしょう？」

しょうこ「姉がね、『話の筋《すじ》はもちろん同じ。だけど、求婚者《きゅうこんしゃ》たちのことを比《くら》べたり、かぐや姫が月から来た理由を考えたりしたことはなかった。それに昔の文章は知っていた内容《ないよう》より情報量《じょうほうりょう》が多くて複雑《ふくざつ》だったから、本当にびっくりした』って話していたわ」

みなみ「③」

しょうこ「そういうこと。他にも色んな発見があるらしいよ」

ゆりこ「昔の文章ってただ教えてもらうだけかと思っていたから、びっくり」

みなみ「④」

ア やっぱり

イ 私は国語は苦手だけど、ちょっと楽しみになってきた気がする

ウ ということは、私たちが知っていることはまだほんの一部ということなの？

エ 知ってる！　かぐや姫のお話でしょう？　それなら小学校の低学年の子でも知っているお話よね。わざわざ中学校の授業《じゅぎょう》で習うなんて意味があるのかな

①［　　］　②［　　］　③［　　］　④［　　］

ナビ ③

しょうこの四つ目の発言は、すぐ前の、みなみの「②」という発言を、「でもね……」と否定《ひてい》しています。

この発言は、**「中学校の学習がどのように高度なのか」**を説明していく流れの会話の起点になっていると考えられます。

解答ナビゲーション

ナビ 問

①～④の前後のことば、特に「そうよね」「でもね」「そういうこと」といったことばに注目し、次の発言が、それまでの会話内容の**「肯定《こうてい》」**か**「否定」**のどちらに続いていくかに着目して考えましょう。

ナビゲーションつき練習問題❷

新傾向

問 次の問いに答えなさい。

（埼玉・淑徳与野中）

この春、コロナ感染拡大《かんせんかくだい》を防《ふせ》ぐための休校期間中に行われた「映像配信《えいぞうはいしん》授業《じゅぎょう》」（あらかじめ録画された授業の映像を各家庭に直接《ちょくせつ》配信し、生徒は自《じ》宅《たく》などでそれを視聴《しちょう》する形式）の良い点・悪い点について高校生がグループで話し合いました。

❶

① まず良い点としては、朝の満員電車に乗らなくても授業が受けられることがあげられるかな。

② でも、休校期間がひと月以上続いたから、映像を見る授業に飽《あ》きてしまったよね。

③ そうね。家でずっとパソコンの画面ばかり見るので、すごく目が疲《つか》れるしね。

❷

④ あと、分からない時すぐに質問《しつもん》できないのも困《こま》る。授業が分からないと眠《ねむ》くなってしまう。

読解ナビゲーション

解答 別冊3ページ

ナビ❶

この会話の話題は、はじめの説明から、映像配信授業の良い点・悪い点だとわかります。

また、会話の発言の先頭に注目すると、①～⑧の番号がふられています。

①～⑧までの会話文を、それぞれ

- 映像配信授業に肯定的《こうていてき》な意見
- 映像配信授業に否定的《ひていてき》な意見

に分けると、会話の流れや全体的な方向性《ほうこうせい》を理解《りかい》しやすくなります。

⑤ ❷そうそう。特にお昼過《す》ぎはね。起こしてくれる人がいないから授業を見ながらいつの間にか眠《ねむ》ってしまったよ。

⑥ 眠くなったら冷たいコーヒーを飲むのがおすすめだよ。

⑦ そうなんだ。でも私《わたし》はコーヒーを飲むと胃《い》が痛《いた》くなるから、できれば温かいミルクがいいな。

⑧ 牛乳《ぎゅうにゅう》は体にいいらしいからね。映像授業で胃を痛めるなんて、やっぱり映像配信授業は良くないよね。

右の話し合いの中で、論点《ろんてん》をずらしてしまった発言があります。①〜⑧から一つ選び、番号で答えなさい。

［　　　］

ナビ❷

発言の**先頭のことば**に注目すると、前の発言を受けていることがわかります。

会話はリレー競争のバトンをつないでいくように話題が展開《てんかい》していきます。一つひとつの**発言のつながり**を追って、読み進めていくようにしましょう。

解答ナビゲーション

ナビ 問

「論点をずらす」とは、それまで話し合ってきた会話の話題から話をそらしてしまうことを意味します。

この会話の話題は**「映像配信授業の良い点と悪い点」**です。

この話題から、内容《ないよう》がそれている発言を探《さが》しましょう。

ナビゲーションつき練習問題③

次の文章を読んで、あとの問いに答えなさい。

（奈良・東大寺学園中）

❶

1 皆《みな》さんは、この「メシ」という一言で妻《つま》に命令をくだす夫に、どんな感じをもたれるでしょうか。さしあたり好き嫌《きら》いは別として、いかにも亭主関白《ていしゅかんぱく》で男っぽく見えますよね。でも、もう少し考えてみてください。

このお父さんが「メシ」という一語文だけでコミュニケーションができているのは、実は、それが「メシの用意をしてくれないか」という意味だと解釈《かいしゃく》してくれる奥《おく》さんの察知力があればこそ、ではないでしょうか。そうだとすれば、彼《かれ》の権威《けんい》は、妻の＊庇護《ひご》のもとでようやく成り立っていると考えることもできるでしょう。

つまり、無口な日本男児は、公的には、志《こころざし》をつらぬいて不言実行につとめる「男らしい男」であるかもしれませんが、私的《してき》には、察しのいい妻の内助の功によって支《ささ》えられている「甘《あま》やかされた男」であったりもするわけです。（中略《ちゅうりゃく》）

❷

2 そろそろこのあたりまでくると、私《わたし》の申し上げる「甘やかされた日本語」という意味も、おおよそご理解いただけるのではないでしょうか。それは、つまるところ、「以心伝心」にたよって語る努力をせず、未熟《みじゅく》な表現力《ひょうげんりょく》しかもちえなくなってしまった私たち大多数が使っている日本語のことなのです。

読解ナビゲーション

ナビ❶

論説文《ろんせつぶん》を読みやすくするための工夫《くふう》の一つに、**段《だん》落《らく》分け**があります。

しかし、この文章には細かく改行されているという特徴《とくちょう》があります。形式段落ごとに分けていくと、2～3行ごとに段落分けをすることになります。そのため、形式段落に注目すると、かえって読みづらくなってしまうのです。

このような細かく改行されている文章を読み進めるときには、書かれている話題が変わったり、さらに深く展開《てんかい》したりするところを目安にして、**意味段落**に分けながら読んでみましょう。

たとえば、1段落の範囲《はんい》は、**「メシ」という一言で妻に命令をくだす夫のコミュニケーションについて書かれている一つの意味段落**だと考えられます。

形式段落としては三つに分かれていますが、**意味**

解答 別冊4ページ

3

3　さて、そこで昨今の「甘やかされた日本語」の状況《じょうきょう》を考えていただきたいのですが、まずこれが典型的《てんけいてき》なかたちであらわれているのが小学校の現場でしょう。「最近の子供《こども》たちは、どうもうまく自己《じこ》表現ができない」「作文ができない」「一語文しか語れない」……と、あちこちの先生方から悲鳴が聞こえてきています。「自己表現」や「作文」ができないなどというのはまだ良いほうで、とくにこの「一語文」問題は深刻《しんこく》なようですね。

4　教室でとつぜん生徒が「先生、テスト」とやる。先生には彼の言わんとすることが分からないので、どぎまぎしながら「え、今日テストやる予定だったっけ？」「あれ、採点《さいてん》したやつを返すんだっけ？」「それとも、今度のテストのことを説明するんだったかな？」などと、いろいろ聞き返すことになるでしょう。

ところが生徒は要領《ようりょう》をえない感じで、だまっている。やがて、ふと思い出した先生が「あ、そうそう、きみ、きのう休んでいてテスト返してなかったんだよね」というと、ようやく返事がかえってくる。「そうでーす。」……これでは、どっちが生徒か先生か、ちっとも分かりませんね。

5　かつて私たちは、先生の前などでは、きちんとした言葉づかいをするように躾《しつけ》けられたものでしたが、最近では、「ママ、ジュース」なんて言うのと同様、先生にも「一語文」や「タメ口」で話すのが普通《ふつう》です。ある意味では、先生という存在《そんざい》が近しいものになっているとも考えられるのですが、喜《よろこ》んでばかりはいられません。なんと大学生にさえ、一語文やタメ口しか使えない人々が出現しはじめているらしいのです。

6　そんな話をしてくれた某《ぼう》大学の知人に、「そりゃきみに対して、その学

の上ではまとめることができるからです。

ナビ 2

2段落は、「甘やかされた日本語」という文章全体にかかわる論点を説明しています。

ここで述《の》べられている「甘やかされた日本語」の意味を、印をつけたり線を引いたりして、しっかりチェックしておきましょう。

ナビ 3

3段落から7段落までは、2段落で登場した「甘やかされた日本語」をめぐる状況をわかりやすく説明するためのエピソードが書かれています。

ここをふまえて、「甘やかされた日本語」とは具体的にどんなものを指すのかを考えてみましょう。

生さんが親近感をもっているからじゃないの」と問いただしてもみたのですが、答えはノー。彼《かれ》によれば、こうした傾向《けいこう》は、親しさの問題などではさらさらなく、子供《こども》たちに他者認識《にんしき》ができなくなり、公私《こうし》のけじめがつかなくなっていることのあらわれだと言うのです。

③

7 そう言われて、通勤《つうきん》途中《とちゅう》の車内風景などを観察してみれば、まさしくそのとおり。悪ふざけをする小中学生、はた目も気にせず化粧《けしょう》にはげむ「コギャル」「オオギャル」、ヘッドホンからシャカシャカ音をふりまく「ヤンキー」、ケータイをかける大学生、だれもが傍若無人《ぼうじゃくぶじん》のふるまいをし、注意する他人には「あんだよー、ジジイ」とタメ口をきく始末。

④

8 ま、④ようするに彼らは、私空間に閉《と》じこもり、仲間内の言葉に終始しているわけですね。どうやらここに、お父さんたちばかりでなく、若《わか》者《もの》たちの日本語をも甘《あま》やかすもう一つの原因《げんいん》がかくされているようです。

この原因をとらえるためには、コミュニケーション論《ろん》で使われる「冗《じょう》長度《ちょうど》」という考え方をひきあいに出すといいのですが、皆《みな》さんは御存《ごぞん》じでしょうか。一般《いっぱん》に、身内と話す時には言葉の冗長度が低く、他人と話す時には高くなると言われます。そう、身内の話では「以心伝心」できる部分が多いので、あまり言葉はいりませんが、他人との話では、少し冗長に言葉を連ねなければ理解《りかい》してもらえないということなんですね。

ですから、身内や仲間内ばかりで冗長度の低い話をしていると、表現《ひょうげん》力《りょく》はちっともきたえられず、甘やかされた物言いになってしまいます。

（加賀野井秀一《かがのいしゅういち》『日本語を叱《しか》る！』による）

〈語注〉

＊庇護《ひご》　かばいまもること。

ナビ④

8段落《だんらく》は「ようするに」というまとめを示《しめ》すことばで始まっています。

このようなことばによって筆者の考えが説明されている段落は、それ以前の具体的なエピソードとは分けて考えます。

したがって、この文章を大きく分けると、

- 1段落
…「メシ」という一言で妻《つま》に命令をくだす夫のコミュニケーション
- 2段落
…「甘やかされた日本語」とは何か
- 3〜7段落
…「甘やかされた日本語」の内容をわかりやすく説明するための、子供《こども》や若者たちのエピソード
- 8段落
…若者の日本語を「甘やかす」原因とは何か

とすることができます。

新傾向

問 **この文章を読んだ六人が会話をしています。文章の内容《ないよう》に合わない発言をしている人を二人選び、A～Fの記号で答えなさい。**

Aさん ふだん何げなく話している日本語に、こんな特色があるなんて知らなかったな。おどろきだよ。特に「一語文」の問題は本当に深刻《しんこく》だなあ。「タメ口」だってひどいんだろう。

Bさん すべて話さなくても「以心伝心」で通じるのよね。日本はせまい島国なんだから。でも最近では男の人だけじゃなく、女の人まで「一語文」で話し出しているんでしょ。それは問題よね。

Cさん コミュニケーションのあり方が変わってきているんだよ。電車の中だってそうだろう。スマホやケータイばかりをいじって、話をしている人はほとんどいないよね。人と話をするのが恥《は》ずかしいんだよ。

Dさん でもこれからは外国との関係もあるし、「以心伝心」だけではだめよね。どうしたらいいのかしら。やっぱりていねいにたくさんの言葉を使って、筋道《すじみち》を立てて話すことかしら。

Eさん きっとそうなんだろうね。夫婦《ふうふ》の関係でも口数の少ないお父さんを支《ささ》えているのはお母さんだというのでは、甘えているだけだからね。お母さんの「内助の功」のおかげなんだね。

Fさん 老いも若きもいっしょね。言葉の問題に年齢《ねんれい》は関係ないみたい。みんな似《に》た者同士《どうし》なのよ。この文章を読んで、どれだけ私《わたし》たちが「以心伝心」の文化の中にいるかがよくわかったわ。

[　　] [　　]

解答ナビゲーション

ナビ **問**

会話の発言が問題の選択肢《せんたくし》になっている場合、普《ふ》通《つう》の選択肢のようにそれぞれを単体で見てしまうと、**内容がやや唐突《とうとつ》に感じる部分**もあります。発言は、基本《きほん》的に前の発言（選択肢）の内容を受けているからです。

そのような部分は、**直前までの発言（選択肢）で情《じょう》報《ほう》をおぎなって考えましょう。**

この文章は**「日本人のコミュニケーションの特色」**について説明しています。

また、**「メシ」という一言で妻に命令をくだす夫**と**現代《げんだい》の若者**は、コミュニケーションの取り方の根底に、他人に対する**「甘え」**があるという点で共通していると述《の》べられています。

これらの内容をふまえ、あてはまらない部分のある発言をしている人は誰《だれ》かを考えましょう。

ナビゲーションつき練習問題④

①

小学五年生の「ぼく」(輝《ひかる》)は、父を亡《な》くし、母と二人で暮《く》らしていた。「ぼく」は毎朝、ベランダで見送る母と手を振《ふ》り合うのが日課だったが、あるときそれをやめようと思い立ち、祖父にそう宣言《せんげん》する。すると、祖父は、小学生のころの「ぼく」の父・渉《わたる》が、祖母の手作り体操《たいそう》着袋《ぎぶくろ》を断《ことわ》ったときの思い出話をしてくれた。以下はそれに続く部分です。

（東京・晃華学園中・改）

「あのときの渉は、輝と同じ気持ちだったのかもしれないな」

おじいちゃんはやさしく笑い、その目にしっかり映《うつ》しこむようにぼくを見た。

なつかしい人を見つけたみたいに、目を細める。

おじいちゃんは、ぼくを見ながらぼくの中にお父さんを見ている。それがわかって、うれしいような、むずがゆいような気持ちになった。

「それに、渉はこんなことも言ってたんだ」

「なんて言ったの？」

胸《むね》がふるえる。

「『お母さんには悪いけど、大人になるんだ』ってな」

おじいちゃんの言葉が、午後の光の中にとけていく。

②

「どうだ、生意気なこと言うだろう？」

おじいちゃんはうれしそうに笑った。

解答 別冊5ページ

読解ナビゲーション

ナビ①

物語文の最初には、これまでのあらすじが書かれている場合があります。

その際《さい》はまず、**あらすじ**をしっかりと読み、**登場人物の設定《せってい》や状況《じょうきょう》**をきちんと確認《かくにん》してから、文章を読み始めるようにしましょう。

ナビ②

物語文を読むときに注意しなければならないのは、登場人物の「ことば・行動・表情《ひょうじょう》」が、そのまま「気持ち」を表していないこともあるということです。

ここではおじいちゃんが子どものころのお父さんを、「生意気なこと言うだろう？」と言っています。しかし、もちろんこれは**悪い意味で「生意気」と言っているのではありません。**

すぐあとに書かれている表情から読み取れるよう

④

③うん、ほんとに生意気だと思った。

だって、ぼくたちはまだ小学生で、大人がいなくてなにができるだろう。

それでも、大人になる。

ぼくは大人になるんだ。

終業式の日がやってきた。

明日からはじまる春休みに、ぼくの心はすでに浮《う》き立っている。

③お父さん、いってきます。

お鈴《りん》を鳴らして、手を合わせる。

写真のお父さんへそっと目配せをして、「よしっ」と気合を入れて立ちあがった。

台所のお母さんのほうへ向かう。

「お母さん」

「なに？」

流しで手を洗《あら》いながら、お母さんが顔をあげる。

⑤

「あのさ。いつもベランダで見送ってくれるじゃん。今日で最後にしようと思うんだ」

ぼくは昨日から決めていた言葉を言う。

「ぼくさ、四月からは六年生だし、お母さんだって朝はいそがしいだろ。毎朝見送ってもらえてうれしかったけど、今日でおしまいにする」

お母さんはきゅっと、蛇口《じゃぐち》の水をとめた。

⑤「そっ、わかったわ。今日でおしまいね」

あっさりとした口調だ。

に、おじいちゃんはお父さんの成長をうれしく思っています。それを「生意気」という表現《ひょうげん》で、少しからかうようにして喜《よろこ》んでいるのです。

物語文は、そういった細かい表現にこめられた作者の意図を考えながら読むことも大切です。

ナビ ③

この物語文は場面の転換《てんかん》が少なく、会話を中心に、主人公が頭の中で考えていること（＝心の中のことば）を通して展開《てんかい》しているという特徴《とくちょう》があります。

このような物語は、単純《たんじゅん》に起こったできごとを追うだけでなく、主人公の考えがどう変わっていったかを読み取ることが大切です。心の中のことばに線を引くなどして、丁寧《ていねい》に読み進めていきましょう。

ナビ ④

この二行では、同じ意味のことばがくり返されています。あえてことばをくり返すことで、「ぼく」の強い決意を表しているのです。

「ぼく」の気持ちが大きく変化したことがわかる重要なポイントなので、しっかりおさえましょう。

「ほら、もう出る時間だよ」

　そう言ってぼくをせかす。

　ぼくは拍子《ひょうし》ぬけしてお母さんの顔を見つめた。てっきり、なんで？　とか聞かれると思って、いくつも言葉を用意していたのに。

⑤

　お母さんが傷《きず》ついたらどうしようって心配していたけど、⑤お母さんの顔はなんていうか、とても晴れ晴れとしている。
　③今日でおしまい。
　自分で言った言葉を心の中でくり返してみる。

　さみしく思っているのは、どうやらぼくのほうみたいだ。
⑤「ほら、いったいった」
　お母さんに手で追いはらわれる。

「いってらっしゃい」

「うん……、いってきます」

　ドアを開けると、鼻先に風がふれた。つんとさすような冬の風ではなく、やさしく鼻の上をすべっていく春の風だ。


（葉山エミ『ベランダに手をふって』による）

新傾向

問　――線部「とても晴れ晴れとしている」について、晃子《あきこ》さんと華子《はなこ》さんが話しています。［A］～［C］にあてはまることばを文章中からそれぞれぬき出して書きなさい。また、［D］にあてはまる内容《ないよう》を考えて書きなさい。ただし、それぞれ指定されている字数で答えること。

解答ナビゲーション

ナビ ⑤

　最後の場面で、お母さんは「ぼく」の突然《とつぜん》の宣言《せんげん》を、「そっ、わかったわ。今日でおしまいね」「ほら、いったいった」などと、「あっさり」と受け止めています。

　その一方で、「晴れ晴れ」とした表情《ひょうじょう》をしていることに注目し、この時のお母さんの気持ちを考えてみましょう。

ナビ 問

　設問《せつもん》の部分から、この会話文は、「とても晴れ晴れとしている」というお母さんの表情について話題になっていることがわかります。

晃子　「どうしてお母さんは『晴れ晴れとしている』のかしら。」

華子　「忙《いそが》しい朝の仕事が一つ減《へ》ったから、楽になったと感じているのじゃないかしら。『ほら、いったいいった』なんてまるで早く出ていけと追い出すようだし、面倒《めんどう》だったのかもしれないわ。」

晃子　「それって本当かしら。お母さんはどんなふうに感じていたのか考えてみましょう。」

華子　「そうね。輝《ひかる》は自分が［A　**五字以内**］のに必要なことだと感じて見送ってもらうのをやめようとしたはずよ。」

晃子　「輝の［B　**五字以内**］も子どものころに同じようなことを思ったのよね。」

華子　「その話を聞いたおじいちゃんはどう思ったのかしら。」

晃子　「おじいちゃんは『生意気なこと言う』と言いながらも［C　**十字以内**］、と書いてあるわ。」

華子　「私《わたし》、お母さんが晴れ晴れとしていた理由がわかったわ。［D　**二十五字以内**］だわ。」

A

B

C

D

25

まず、［A］～［D］をふくむ発言を注意深く読み、その発言が、**文章の中で誰《だれ》が言ったり思ったりしたことについて話しているのか**を確認《かくにん》しましょう。そのうえで、場面を意識《いしき》しながら文章をふり返ると、空らんにあてはまることばをすばやく見つけ出すことができます。

- ［A］…「**輝（ぼく）**」が「見送ってもらうのをやめようとした」理由
- ［B］…「**輝（ぼく）**」と同じようなことを思った人物
- ［C］…**おじいちゃん**が「生意気なこと言う」と言いつつも、どのような様子でいるのか
- ［D］…**お母さん**が「晴れ晴れ」としていた理由

があてはまると考えられます。

［A］～［C］は文章中から**ぬき出し**、［D］は自分のことばで**考えて書く**ことにも注意しましょう。

入試問題にチャレンジ

制限時間 20分

解答 別冊6ページ

次の文章を読み、あとの問いに答えなさい。

（東京・立教女学院中）

音楽と自由の関係性《かんけいせい》というのは、単純《たんじゅん》に説明できないところがあります。（中略《ちゅうりゃく》）いつでもどこでもどんなふうにでも音楽をできるわけではないという制約《せいやく》が社会の中にはありますが、絶対的《ぜったいてき》な音楽そのものは、人の手が触《ふ》れようが触れまいが自由なままです。それはたとえ人類が滅《ほろ》んでも存在《そんざい》し続けるような絶対的な自由です。

難《むずか》しいのは、文化としての音楽を扱《あつか》う時。文化としての音楽というのは、人と人とがコミュニケーションをすることで成り立っています。人と人とが交流することで文化が生まれ、音楽をどう社会に生かしていくかという話になる。社会の中の音楽というのは、文化的な活動になるわけです。

そして、音楽をする活動自体が「人が生きるとは何か」という問いを含《ふく》んでいます。人はなぜ生きるのか、どう生きるべきか、という根源的《こんげんてき》な問いです。文化的活動や音楽をする活動は、そういった根源的な問いにヒントを与《あた》えてくれるものであり、その答えに近づこうとさせてくれるものであり、もしくはそこまで難しいことを考えなくても、何かこんがらがったものをリセットしてくれる役目もあります。

そうやって人間の一番根源的な問いと関わっているがゆえに、文化的活動や音楽をする活動というのは、阻害《そがい》されてはいけない、自由が守られていなければならないのではないでしょうか。

一方で、音楽には力があり、その音楽が癒《い》やしとなって、厳《きび》しい状況《じょうきょう》に向かっていく糧《かて》を得《え》るというような言い方をよくしますが、そう簡単《かんたん》なものでもないと思います。例えばストレスに悩《なや》む人や鬱《うつ》で苦しんでいる人がみんな音楽を聴《き》けば楽になるのかというと、そういう単純な話ではない。音楽と一口に言ってもいろんな音楽があるから、人によっては、オーケストラに代表されるようなクラシック音楽は必要と思えない人もいるでしょう。しかし、少々突飛《とっぴ》な言い方になるかもしれませんが、音楽というのは、人の行動と直接《ちょくせつ》結びつかなくても潜在《せんざい》的につながりを持っているものなのです。

つまり、音楽を聴くとか、演奏会《えんそうかい》に行くとか、そういった直接的なつながりをあえて持たなくても、音楽、音というものは自分の周りにあふれています。もっと言えば自分自身もたくさんの音を発しているわけです。ただし、音というのは不思議なもので、人間の耳に聞こえる音は実はほんのわずかなのです。この世界中のほとんどの音は聞こえていないのです。けれども、聞こえていなくても確《たし》かにそこには音が存在している。例えば、なぜ人が自然あふれるところに行って癒やされるかというと、それは澄《す》んだ空気や美しい景色もあるけれど、同じように音の要因《よういん》もまた大きいのです。人間の耳には聞こえないけれども、超《ちょう》高周波音というのがあります。都会では人の耳に聞こえる音は多く、時としてうるさいけれども、周波数の幅《はば》としては狭《せま》い。それが自然が多い場所に行くと、聞こえる音としては鳥のさえずりぐらいで少ないけれども、周波数の幅はうんと広かったりするのです。

人間の体には共振《きょうしん》する作用が備《そな》わっていると言われています。その音自体が聞こえないとしても、体は共振して感じることがあるはずです。だから、人間が音楽に触れるとか触れないとかというのは、実はそれほど大した問題ではなくて、触れようが触れまいがつながっています。けれど、そのつながりを認識《にんしき》しにくい。文明やテクノロジーが発達すればするほど、人間の本質的《ほんしつてき》な、本能的《ほんのうてき》なものがどんどん薄《うす》れていく傾向《けいこう》は否《いな》めないと思いますが、音楽や芸術《げいじゅつ》というのは、それを引き戻《もど》してくれるような存在だと思います。

また、作曲家が曲を書くこと自体は、依頼《いらい》されたからという理由がほとんどだと思いますが、ではなぜその音を書いたのかを突《つ》き詰《つ》めていくと、そこには自分の思う必然性があるだけで、客観的な理由はない。人がなぜ歌うのかを突き詰めても、理由はない。歌ってしまう、口をついて出てしまう。——音楽を求めるのも同じことです。つまり、理由のないことの美しさです。

理由がないことの美しさは文化と密接《みっせつ》に結びついていると思うのです。理由がないからこそ美しいというのは、もっと言うと、意味がないからこその美しさとも言えるでしょう。僕《ぼく》はよく文化を「豊《ゆた》かな寄《よ》り道」という表現《ひょうげん》で言い換《か》えたりするのですが、寄り道は理由も意味もないのにしたりするものです。しかし、その寄り道にこそ大発見や人生の*岐路《きろ》があったりします。寄り道にしても文化にしても音楽にしても、そこに無理に意味を求めようとすると、逆《ぎゃく》にその存在証明《しょうめい》が難しくなってしまう側面があると思います。意味がないからこそ存在しているものは、実は思いのほか多いのです。そして、意味がないことというのは、自由なままでないと成り立たない。そういう*パラドックスがあると思います。

歴史的《れきしてき》に見ても、制限《せいげん》があるところの音楽は*恣意的《しいてき》になりがちです。例えば、ヒトラーがドイツで積極的に音楽を用いて、*ワーグナーやリストなどの音楽を*プロパガンダに使用してきたがゆえに、第二次世界大戦後、長きにわたってリストの『前奏曲』やワーグナーの『ニュルンベルクのマイスタージンガー』は演奏されてきませんでした。それほどまでに音楽は影響力《えいきょうりょく》があるということです。この影響力というのは、政治的《せいじてき》にも利用できてしまう、非常《ひじょう》に怖《こわ》いものなのです。

怖いものだからこそ、一つの目的にとどまってはいけない。ヒトラーが行ったような強い意図を加えた上での使用ではなくて、常《つね》に多目的でなければいけない、目的が開かれていなければいけない。

（中略）

音楽はある種の催眠効果《さいみんこうか》もあるし、薬物的効果もありますから。

（山田和樹《やまだかずき》『音楽と自由』による）

〈語注〉

＊岐路　どうするかを決める重大な時。

＊パラドックス　真理に反しているようだが、実は真理の一面を表している表《ひょう》現《げん》。

＊恣意的《しいてき》　勝手気まま。意図をもったもの。

＊ワーグナーやリスト　十九世紀《せいき》に活躍《かつやく》した作曲家。

＊プロパガンダ　特定の主義《しゅぎ》、思想についての政治的《せいじてき》な宣伝《せんでん》。

問　**次は、この文章について話しあった生徒たちの会話です。次のやりとりをふまえて、あとの問いに答えなさい。**

生徒A　この文章では、人にとって音楽がどのような存在《そんざい》であるかが述《の》べられていたわ。音楽に限《かぎ》らず、文化的活動は「人が生きるとは何か」という根源《こんげん》的な問いにヒントを与《あた》えてくれる存在なのよね。

生徒B　そうね。それに音楽が「自由」であることの大切さについても述べられていたわね。音楽は、どんな時に「自由」でなくなってしまうのかしら？

生徒A　それは、［　Ⅰ　］時よ。そのようになっていないか気をつけないといけないね。

生徒B　その通り。私《わたし》たちは、常《つね》に身の回りの音楽や芸術《げいじゅつ》が「自由」であるかどうかを意識《いしき》して生活すべきだと思うわ。その「自由」な音楽や芸術を鑑賞《かんしょう》することで、人生をより豊《ゆた》かなものにしていくことができるのね。

生徒A　うん。現代《げんだい》は情報化《じょうほうか》が進んでいて将来《しょうらい》や未来が見通しやすくなっているから、私たちは常に意味のあるものを求めているのかもしれない。［　Ⅱ　］

(1) Ⅰ にあてはまることばを文章中から十三字でぬき出して答えなさい。

(2) Ⅱ にはAさんの意見が入ります。筆者の考えをふまえたAさんの意見として適切《てきせつ》なものを次から二つ選びなさい。

ア だから、たまには情報源となるインターネットから離《はな》れて古典的な芸術に触《ふ》れることも大事だよね。

イ だから、情報化社会における音楽や芸術の在《あ》り方をきちんと考えていく必要があると思うのよね。

ウ でも、豊かな人生を送るためには、ある程《てい》度《ど》制《せい》約《やく》のある芸術に触れていくことも必要だよね。

エ でも、人生を豊かにするためには、理由や意味を持たない美しさに触れていくことも重要だよね。

オ 学校でも「お昼休みに鬼《おに》ごっこをするよりも、かくれんぼのほうが楽しいよね」と言ってしまうのもあてはまるよね。

カ 学校でも「球技《きゅうぎ》は好きだけれど、体かたいからマット運動はやりたくないのよね」と言ってしまうのもあてはまるよね。

キ 学校でも「古典とか数学なんて役に立たないから、勉強する必要なんてないよね」といってしまうのもあてはまるよね。

ク 学校でも「部活と勉強を両立させるなんてしんどくてなかなかできないのよね」と言ってしまうのもあてはまるよね。

［　］ ［　］

ヒント

● なじみのない難《むずか》しいことばが多く出てくる文章です。そういった文章を読むときには、**段落《だんらく》ごとの内容《ないよう》**をしっかりと確認《かくにん》し、**段落同《どう》士《し》のつながり**に注意して読み進めましょう。もし、丁寧《ていねい》に読んでも文章の内容がよくわからず、不安になったとしても、文章中に出てくる**具体的なエピソード**を追いながら、少しずつ先に進みましょう。

● 論説文《ろんせつぶん》で最も大切なのは「筆者の考え」を見つけ出すことです。「……と思うのです」「……でしょう」「……ならない」といった、**意見や考え方を強調する終わり方をしている文**には線を引くなどして目立つように工夫《くふう》するとよいでしょう。

● (1)では、Ⅰ をふくむ発言を注意深く読み、その発言が文章のどの部分について話しているのかを確認しましょう。ただし、その発言だけでは、Ⅰ にあてはまることばがわからない場合もあります。**会話文の発言は、必ず話題や議題・直前までの発言を受けている**ので、直前までの内容をふり返り、情報をおぎないましょう。

2 複数文章の問題

入試傾向

二つの文章の内容《ないよう》と関係を読み取る問題です。文章を読んで内容を正確《せいかく》につかむ力、二つの文章を関連づけて理解《りかい》し、活用する力などが問われます。

例題

解答 別冊8ページ

次の【文章1】【文章2】を読んで、あとの問いに答えなさい。

【文章1】

万有《ばんゆう》引力の法則《ほうそく》を発見したアイザック・ニュートンがこんなことを言っています。

「自分が遠くまで眺《なが》めることができたのだとしたら、それは巨人《きょじん》の肩《かた》に乗っていたからだ」（中略《ちゅうりゃく》）

ニュートンは巨人の肩――つまり、それまで読んだ本――の上に乗って、まったく新しい「万有引力の法則」を見出《みいだ》したのです。

アメリカの有名な作家のジョナサン・レセムという人もこんなことを言っています。

「何かを〝オリジナル〟と呼《よ》ぶ人は、十中八九、元ネタを知らないだけ」

つまり、「オリジナル」と呼ばれるものを生み出す人でも、元ネタに支《ささ》えられており、自分の中でちゃんと蓄《たくわ》え、消化したからこそ今の成果がある。

本を書いた人の経験《けいけん》を「読む」ことを通して、自分のものにする。そして自分の中で育てていけば、いつか必要なときに、驚《おどろ》くべき形となって表れてくるのです。

（茂木健一郎《もぎけんいちろう》『頭は「本の読み方」で磨《みが》かれる』による）

ステップ1 【文章1】の内容をおさえる

まずは、**【文章1】**を読んで、その内容をおさえましょう。漠然《ばくぜん》と読み進めるのではなく、この文章の**主題（テーマ）**や**結論《けつろん》**は何なのかをしっかり考えながら読んでいきましょう。

ステップ2 【文章2】の内容をおさえる

【文章1】の内容をおさえたら、**【文章2】**を読んでいきましょう。このとき、内容をおさえるだけでなく、**二つの文章の共通点やちがう点**を考えて読んでいくとよいでしょう。

ステップ3 【文章1】【文章2】の関係性《かんけいせい》を考える

二つの文章が問題で出される場合は、それぞれの内容に、**必ず何らかの関係性があります。**

ステップ1 と **ステップ2** でおさえた、**二つの文章の共通**

【文章２】

わたしたちが直接《ちょくせつ》経験できることは、残念ながらごくわずかにすぎません。自分が生まれた国や地域《ちいき》や置かれた環境《かんきょう》に、わたしたちは経験も思考も多かれ少なかれ限定《げんてい》されて生きています。どれだけ世界中を飛び回っている人も、この世界の何もかもを見聞きすることなどできません。

でも、望むならば、わたしたちはそんな直接経験の世界を読書によって広げることができるのです。

水泳の理論書《りろんしょ》だけを読んでいても、たしかに泳げるようにはなりません。でも、わたしたちが、もっと速く、また上手に泳ぎたいと願うなら、その理論書を読む経験は、まさに直接経験を拡張《かくちょう》してくれる〝豊《ゆた》かな経験〟になるにちがいないのです。

（苫野《とまの》一徳《いっとく》『未来のきみを変える読書術《どくしょじゅつ》』による）

問１ **【文章１】【文章２】に共通するテーマを漢字二字で答えなさい。**

［　　　　］

問２ **【文章１】【文章２】から読み取れる内容《ないよう》として最も適切《てきせつ》なものを次から一つ選び、記号で答えなさい。**

ア　人は本を読むことで、他者の経験を自分のものにして世界を広げられる。

イ　人は本を読んで他者の人生を疑似《ぎじ》体験できるが、実体験の方が重要だ。

ウ　人は実体験よりも本で学んだ方が、技能《ぎのう》や精神的《せいしんてき》な成長を得《え》やすい。

エ　人は本を読むことで、客観的な視点《してん》や他者への思いやりを育める。

［　　］

点・ちがう点などを元に、関係を正確に読み取りましょう。

それぞれの文章を単体で見るのではなく、内容を比《くら》べたり結びつけたりして、その**関係性を考えつつ総合的《そうごうてき》に読んでいく**ことが、正答を導《みちび》くことにつながります。

【文章１】は、本を読んで著者《ちょしゃ》の経験を自分のものにすることで、新たな発見や創造物《そうぞうぶつ》が生まれる、と述《の》べています。**【文章２】**は、本を読むことは直接経験の世界を広げる、と述べています。どちらの文章も、**「本を読むこと」**を中心に書かれています。

問１では、**【文章１】【文章２】**に共通するテーマを問われています。二つの文章の内容から、共通するテーマは**「本を読むこと」**だと考えられます。これを、漢字二字で言いかえてみましょう。

問２では、**【文章１】【文章２】**から読み取れる内容を問われています。二つの文章の内容を総合的に見て、合うものを選んでいきます。

ポイント

何度も出てくることば（キーワード）などをおさえて読んでいくと、主題（テーマ）や全体の内容をつかみやすくなります。

ナビゲーションつき練習問題❶

次の文章を読んで、あとの問いに答えなさい。

（東京・光塩女子学院中等科・改）

❶

1 進化心理学の著名な研究者ロビン・ダンバーは、人間同士《どうし》の雑談《ざつだん》はサルや類人猿《るいじんえん》の毛繕《けづくろ》いと同じだと言っています。毛繕いは触《ふ》れ合うことでお互《たが》いが仲間であることを確認《かくにん》する行為《こうい》です。雑談もこれと同じで、言葉を交わすことそのものが、お互いが仲間であることを確認する意味を持っています。

2 また、相手がどういう人かを知るには雑談はもってこいです。何が好きなのか、何が嫌《きら》いなのか、何を信じているのかといったこと、すなわち人となりを知ることができます。価値観《かちかん》が共有できる相手は信頼《しんらい》でき、その後も一緒《いっしょ》に協力していけそうですよね。協力関係を築《きず》くために雑談は重要です。

3 雑談では第三者についての話題が多く見られることも知られています。その場にいる話者についてだけでなく、第三者について話すことで、人間同士の関係性《かんけいせい》を弱めたり、強めたりすることができます。誰《だれ》かの悪口を言ってその人の立場を悪くしたりするなど、うわさ話で人間関係は変わっていきます。人間関係は雑談によって調整されているのです。（中略《ちゅうりゃく》）

4 ここで人間の面白《おもしろ》い特性《とくせい》を紹介《しょうかい》したいと思います。それは、人間とや

読解ナビゲーション

ナビ❶

1～3段落《だんらく》では、人間が雑談を好み、必要とすることが説明されています。

人間にとって雑談はどのような意味をもつのかをここでおさえておきましょう。

解答 別冊8ページ

り取りを行うようなコンピュータシステムがあるとき、人間はそれがあたかも人間であるかのように扱《あつか》ってしまうという特性です。「メディアの等式」と呼《よ》ばれます。これは数々の実験によって、実証《じっしょう》されています。

[5] 一つ事例を紹介《しょうかい》しましょう。「たけまるくん」と呼ばれる対話システムの話。たけまるくんは奈良県生駒市《ならけんいこまし》のマスコットキャラクタなのですが、このキャラクタが生駒市の案内をする対話システムがありました。生駒市の観光スポットやお店などを案内することができます。（中略）

[6] 画面上にたけまるくんが映《うつ》し出され、マイクを使って音声で会話をします。開発者は生駒市についてであればたいていは答えられるようにシステムを構築《こうちく》しました。しかし、実際《じっさい》にそのシステムを一般《いっぱん》に公開したところ、ユーザは生駒市のことをそれほど聞かなかったのです。

[7] むしろ、画面上に表示《ひょうじ》されるたけまるくんに対して名前を聞いたり、「かわいいね」と言ったり、「一緒《いっしょ》にあそぼうよ」と声をかけたり、雑談を多くしたのです。これには開発者も慌《あわ》てて、雑談にもある程度《ていど》こたえられるようにシステムを急いで修正《しゅうせい》。結果的に、システムが応答《おうとう》するために持つデータの半分程度《ていど》が雑談に関するものになりました。人間がいかに対話システムと雑談をしてしまうかが分かります。

[8] このような事例は他のところでも見られます。マイクロソフト社の*パーソナルアシスタントであるコルタナへの入力の30%は雑談だと報告《ほうこく》されています。私《わたし》が研究開発に携《たずさ》わったNTTドコモ社の*音声エージェントサービス「しゃべってコンシェル」でも多くのユーザがキャラクタに対し雑談を試みていました。このことから、NTTでも雑談*AIのプロジェクトが本格的《ほんかくてき》に開始されたくらいです。

ナビ 2

[4]段落以降《いこう》はコンピュータシステム（AI）と人間との関わりが説明されています。

[5]〜[7]段落で、**「たけまるくん」**と呼ばれるコンピュータシステムを一般公開したときのエピソードを、[8]段落で、マイクロソフト社のパーソナルアシスタントである**コルタナ**やNTTドコモ社の音声エージェントサービス**「しゃべってコンシェル」**のエピソードを具体例として挙げ、人間は、自分とやりとりをするコンピュータシステムを人間であるように扱い、雑談してしまうということを述《の》べていることをおさえましょう。

9　人間はその特性《とくせい》から相手がＡＩであっても雑談《ざつだん》をしてしまうのです。

（東中竜一郎《ひがしなかりゅういちろう》『ＡＩの雑談力』〈ＫＡＤＯＫＡＷＡ〉による）

〈語注〉

＊パーソナルアシスタント　ユーザの情報管理《じょうほうかんり》を支援《しえん》する機能《きのう》。

＊音声エージェント　音声による入力にしたがって、コンピュータが自動的に判断《はんだん》して処《しょ》理を行う機能。

＊ＡＩ　人間の知能をモデルにした機能をもつコンピュータシステム。人工知能。

新傾向

問　**筆者は「雑談ＡＩの研究」を重要であるととらえています。文章と同じ書籍《しょせき》の別の箇所《かしょ》を引用した次の【引用文】を読んで、雑談ＡＩの研究が重要だと筆者が考える理由を書きなさい。**

【引用文】

1　多くの課題はあるものの、私《わたし》は雑談ＡＩの未来は明るいと感じています。技術《ぎじゅつ》は着実に進化していますし、コンピュータとの雑談はこれから＊必須《ひっす》のものになっていくと思われるからです。

2　これからのコンピュータは、より一層《いっそう》身の周りに存在《そんざい》するようになるでしょう。スマートフォンはもはや体の一部といってよいくらいもち歩いている人も多いと思いますが、これからさらに、高度なＡＩを＊搭載《とうさい》したコンピュータが身の回りに増《ふ》えてくるでしょう。知的なコンピュータと我々《われわれ》のやり取りは、人間同士《どうし》のような音声言語を用いた対話によるコミュニケーションが基本《きほん》となります。そうした時、コンピュータに何を任《まか》せるかを決定するのは日ごろからの信頼《しんらい》であり、ベースとなるのは雑

解答ナビゲーション

ナビ　問

【引用文】では、最初の文章で示《しめ》された、**コンピュータシステム(ＡＩ)が人間と雑談することの意義**が説明されています。

つまり、この二つの文章は最初の文章の内容を**【引用文】**が**おぎなって発展《はってん》させている**という関係になっているのです。

設問《せつもん》に出てくる**「雑談ＡＩ」**とは、最初の文章でも語られていた、**人間と対話するコンピュータシステム**のことです。

人間と対話するコンピュータシステム(ＡＩ)の研究を進めることによって、どのようなことが起きると筆者が考えているのかを、文章と**【引用文】**の内容《ないよう》、それぞれをふまえながら考えてみましょう。

談によるやり取りです。

3 お互《たが》いを理解《りかい》し合うことで、より良い作業ができるのは人間でもコンピュータでも同じこと。今後は、「人間のあいつと組むよりこのコンピュータとチームを組もう」とか「ここは人間とコンピュータの混合《こんごう》チームで行こう」といったことが起こると思います。これは＊ディストピアではなく、人間とコンピュータがお互いのよいところを引き出せるようになるという話です。

〈語注〉

＊**必須**　なくてはならないこと。
＊**搭載**　積みこむこと。
＊**ディストピア**　理想郷《きょう》であるユートピアの逆《ぎゃく》で暗黒郷のこと。

ナビゲーションつき練習問題❷

次の文章を読んで、あとの問いに答えなさい。（設問《せつもん》の都合上、省略《しょうりゃく》や一部表記を改めた箇所《かしょ》があります。）

（千葉・麗澤中・改）

❶

【文章1】

1 気象《きしょう》変動の激《はげ》しい日本で一人前の農民になるためには、さまざまな判《はん》断力《だんりょく》や技《わざ》が必要だった。農業は気候が安定しているときは、まじめにやれば誰《だれ》にでもできるという入り口の低さがあるが、気候が不順な年でも安定的に作物を収穫《しゅうかく》するためには、実に多様なことを学び、自分の技にしていかなければならないのである。その意味で農業は修業《しゅぎょう》の連続であり、農民たちは自分の技が高められていくことに、誇《ほこ》りや喜《よろこ》びを感じていた。

2 とともに、ある程度《ていど》のことができるようになってくると、次には自分を一人前に育ててくれたものたちにお礼をする、お返しをすることが大事だった。それが村への貢献《こうけん》や自分の家への貢献、さらには自然への貢献を重んじる風土をつくった。他者に貢献できる人間になることもまた農民の誇りであり、喜びであった。

3 こうして生まれたのが、「修業」と「貢献」に労働の意味をみいだす労働観である。それは非《ひ》農業的労働にも受け継《つ》がれ、職人《しょくにん》や商人も「修業」と「貢献」を重んじるようになっていった。（中略《ちゅうりゃく》）

読解ナビゲーション

解答 別冊9ページ

ナビ❶

1～3段落《だんらく》では、修業と貢献に意味をみいだす、伝統的な日本人の労働観がひとまとまりで説明されています。

しかし、続く4段落では、戦後社会では、伝統的な日本人の労働観が壊され、「自分のために働く時代」がつくられたと、伝統的な日本人の労働観が一度否定《ひてい》されたことについて述《の》べています。

ただし、4段落の終わりでは、若い人たちはむしろ伝統的な労働観に戻ってきていると書かれています。

この、一度否定されたあとに再肯定《さいこうてい》されたという論理《ろんり》の流れをおさえましょう。

4 そういう感覚を基層精神《きそうせいしん》にもちながらも、表面的にはそれを壊《こわ》していったのが日本の戦後社会でもあった。戦後の日本は自分のために働く時代をつくりだした。その点ではアメリカ化された時代だった。だがいまでは、若《わか》い人たちはむしろ伝統的《でんとうてき》な労働観に戻《もど》ってきている。

5 ❷もうひとつ、日本の伝統的な労働観には、次のような性格《せいかく》があった。それは労働を労働としてのみ独立《どくりつ》させてとらえるのではなく、自分の人生観や暮《く》らし方、さらには自分と結んでいる社会との関係のなかでとらえるという性格である。労働は生き方や暮らし方と一体のものであったばかりでなく、自分が生きる世界としてのコミュニティ＝共同体とも一体のものとしてとらえられていた。

6 ❸その結果、労働はふたつの側面からとらえられるようになった。ひとつは収入《しゅうにゅう》を目的とした労働、もうひとつは生活や文化、コミュニティなどとともにある労働である。

7 たとえば私《わたし》の「＊村の家」がある群馬県の山村、上野村では、「仕事」と「稼《かせ》ぎ」という言葉が使い分けられている。「仕事」とは自分たちがつくっている生命的世界と結ばれた労働のことで、この中には畑仕事や山仕事もあるし、集落の方針《ほうしん》を決めるための会合＝「寄《よ》り合い」に出るのも「仕事」である。村には共同で道を直したりする「＊結《ゆ》い」としての作業もあり、さらには助け合いも仕事である。自然とともに、人々とともに村の生命系《せいめいけい》は形成されているのだから、収入になる、ならないにかかわらず「仕事」と位置づけられる働きの世界が形成されるのである。それに対して「稼ぎ」と呼《よ》ばれているものは、収入《しゅうにゅう》の確保《かくほ》を動機としておこなわれる。目的は収入の量である。「仕事」は自分たちの生きる世界と

ナビ❷

5段落は**「もうひとつ」**ということばではじまります。

このような**順番を表すことば**がでてきたら、必ず印をつけ、そのあとに続く内容《ないよう》に線を引いて目立たせましょう。さらに、そこよりも前にある**ひとつめ**がどのようなことかについても確認《かくにん》し、同じように線を引いておくことが大切です。

そうすることによって筆者が大切なこととして説明していることを、**「ひとつめ」**と**「もうひとつ（＝二つめ）」**として整理することができます。

ちなみに、この文章の**「ひとつめ」**は、3段落の**「『修業』と『貢献』に労働の意味をみいだす労働観」**をさしています。

ナビ❸

6段落のはじめにある**「その結果」**ということばは、この段落がそれまでの内容を**まとめていること**を示《しめ》しています。

結ばれた質《しつ》としておこなわれているが、「稼《かせ》ぎ」は金銭的《きんせんてき》な量が目的なのである。（中略《ちゅうりゃく》）

8 とすると労働に修業《しゅぎょう》と貢献《こうけん》を求め、さらには「仕事」と「稼ぎ」を分けながらとらえられていた日本の伝統的《でんとうてき》な労働観からは、どんな社会がイメージされていたのであろうか。それは自然や文化、暮《く》らし方、コミュニティなどを包摂《ほうせつ》した（より大きな範囲《はんい》の中に包みこんだ）自分たちの生きる世界をつくりだす働きを軸《じく》にしながら、「稼ぎ」を補助《ほじょ》的に展開《てんかい》させる社会のあり方を理想とする社会デザインであり、そのどちらにも「修業」と「貢献」を求めていける社会のあり方であった。労働の軸《じく》になるのは、個人《こじん》の自己実現《じこじつげん》などという皮相的なものではなく、一種の社会思想としての労働論《ろうどうろん》だったのである。

（内山節《うちやまたかし》『よみがえる日本的労働観』による）

〈語注〉

＊**村の家**　筆者は東京都と群馬県の上野村を行き来する生活をしている。

＊**結い**　家と家との間で労働力を貸し合うこと。

【文章２】

1 ＊この山の村でも、子どもたちは、小学校に上がる頃《ころ》になると、誰《だれ》もが自分の仕事をもっていました。そしてその仕事が終われば、後は子どもたちの自由な時間なのです。

2 もちろん今日の村で、大人たちが子どもの労働力を必要とする理由は何もありません。それなのに、どの子どもたちも自分の仕事をもっています。そして自分の仕事について語るとき、子どもたちは誇《ほこ》らしげであり、仕事をもっていることが、これほど子どもたちを自由にしているのかと、驚《おどろ》かされてしまいます。

3 彼《かれ》らは、その仕事をこなすことによって、自分はこの村で必要な人間として暮らしている、と感じているようです。そしてこの子どもの誇らしげな世界は、村の大人たちの世界を模写《もしゃ》したものでもあるのです。（中略）

4 ここに、誰もが村の暮らしを守るうえで必要な仕事をしている、という村の雰囲気《ふんいき》がかたちづくられています。自分がその仕事をしなくなったら、代わってくれる人がいないかぎり村人全員が困《こま》るという関係が、誰にでもよくわかるのです。ですから、ここでは、誰もがかけがえのない村人です。（中略）

5 そんな村の仕事を受け持ち、その仕事をこなすかぎり、大人も子どもも村の暮らしにとっては必要な人間です。そして、そのような関係のなかに自分がいることが、村ではとてもよくわかるのです。

6 自分は必要な人間として、この村で暮らしている、この感覚に支《ささ》えられた自信と安心感が村の大人たちの世界であり、その大人たちの世界を模写するように、子どもたちもまた誰もが有意義《ゆういぎ》な人間たちの世界に加わっていくのです。子どもたちは、わずかな仕事を受け持つようになったときに、自分は子どもから「小さな大人」、「小さな村人」になったと感じます。村の暮らしを守る関係の世界の一員になったことに、誇りをもつのです。

（内山節『子どもたちの時間』による）

〈語注〉

＊**この山の村**　筆者が訪《たず》ねたフランスの山村。

ナビ 4

【文章2】には、**【文章1】**の内容《ないよう》をわかりやすく読者にイメージさせるための**具体的なエピソード**が書かれています。

複数《ふくすう》の文章の関係には、今回のような

- **【文章2】**で**別のエピソードを示す**ことによって、**【文章1】**の**主張《しゅちょう》を具体化**している

という形のほかに、

- **【文章1】**とは**異《こと》なる考え方**を**【文章2】**で示して**対比《たいひ》**している
- **【文章1】【文章2】**の内容に**共通点**がある
- **【文章1】**の内容を**【文章2】**で**発展させている**

などの形もあります。

二つの文章の関係を意識《いしき》しながら読むことを心がけましょう。

新傾向

問 次は【文章１】【文章２】を読んだ五人の児童が、その内容《ないよう》について話をしている場面です。読んで、あとの問いに答えなさい。

Aさん 【文章１】では、「貢献《こうけん》」は日本の伝統的《でんとうてき》な労働観で重んじられていることの一つだと述《の》べられているね。そして【文章２】では、フランスのある山村に住む子どもたちの、村に対する「貢献」について述べられているよ。

Bさん 【文章２】によれば「貢献」とは、[Ⅰ 十六字]になるということなんだね。

Cさん でも、子どもたちは自分たちの仕事を誇《ほこ》らしく思っているようだよ。ここが大切なところで、「何かに『貢献』していると感じられる労働」は、自分たちがその社会にとって[Ⅱ 七字]存在《そんざい》であると実感させてくれるものなんだよ。

Aさん それに、「修業《しゅぎょう》」と「貢献」を重視《じゅうし》するかつての日本の労働観は戦後失われたように見えるけれど、それは表面上のことで、私《わたし》たち日本人の精神《せいしん》の根底には人知れず誰《だれ》かのために頑張《がんば》るという労働観が残っているんだね。

Bさん そうだね。だから戦後のアメリカ的な労働のあり方を拒否《きょひ》して、収入確保《しゅうにゅうかくほ》を動機とする労働と、コミュニティのための労働を統《とう》一《いつ》してとらえようとする動きが生まれたのか。

Cさん 筆者が訪《たず》ねたフランスの村では、大人も子どももコミュニティの生活を守るために不可欠《ふかけつ》な労働を受け持っているそうだけれ

解答ナビゲーション

ナビ 問(1)

[Ⅰ]・[Ⅱ]にあてはまることばを、【文章２】から探《さが》す問題です。

空らんの前後のつながりに着目して、【文章２】のどの段落《だんらく》に書かれた内容と重なるかを考えると答えを探しやすくなります。

ここで注意しなければならないのは、**答えをぬき出す場所が【文章２】に限定《げんてい》されている**ことです。【文章１】で探さないように気をつけましょう。

ナビ 問(2)

見た目から、やや複雑《ふくざつ》な問題のように見えますが、これは五人の発言がそのまま選択肢《せんたくし》になっていると考えればよいのです。

発言という形にまどわされず、大きく前半部分と後半部分に分けて、それぞれが文章の内容と合っているかどうかを確認《かくにん》することで、判断《はんだん》ミスを減《へ》らすことができます。

ど、これは上野村で「仕事」と呼《よ》ばれる労働の形に通じるものがあるよ。

Dさん　そのフランスの村の子どもたちは小さな仕事をこなすことで、コミュニティの生活を守るための人間関係のなかに参加していくわけだけれど、それが自分の存在意義《いぎ》に自信をもつことにもつながるんだね。

Eさん　日本の伝統的な労働観でも、そうした自分たちの住む世界につながる労働を中心に行って、収入のための労働はあくまで補助《ほじょ》として行うという形が理想とされていたようだよ。

(1)　**［Ⅰ］・［Ⅱ］に入ることばを【文章2】からぬき出して答えなさい。ただし、それぞれ指定されている字数で答えること。**

Ⅰ［　　　　］

Ⅱ［　　　　］

(2)　**［　］で囲《かこ》まれた、五人の発言の中から【文章1】【文章2】に述べられている内容と合わないものを一つ選び、記号で答えなさい。**

ア　Aさん　　イ　Bさん　　ウ　Cさん

エ　Dさん　　オ　Eさん

［　　　］

たとえば、Aさんの発言は、

- 「修業」と「貢献」を重視するかつての日本の労働観は戦後失われたように見えるけれど、それは表面上のこと
- 私たち日本人の精神の根底には人知れず誰かのために頑張るという労働観が残っている

という要素《ようそ》に分けてまとめることができます。

ただし、この問題は**「【文章1】【文章2】に述べられている内容と合わないもの」**を探す問題です。選択肢を検討《けんとう》するときは、**どちらか一つの文章の内容だけで考えてはいけない**ことに注意しましょう。

ナビゲーションつき練習問題③

次の文章を読んで、あとの問いに答えなさい。（設問《せつもん》の都合により、文章・表記を一部改めています。）

（東京・國學院久我山中）

1

【文章1】

[1] 人は誰《だれ》でも差別する可能性《かのうせい》がある。こう考えてしまうと、救《すく》いようがないかもしれませんね。もし差別をしてしまえば、そのことを常《つね》に周囲《しゅうい》から言われ続け、差別者としての＊〝烙印《らくいん》〟を押《お》されて生きていかざるを得《え》ないのでしょうか。そう考えることで私《わたし》たちが差別という出来事から距離《きょり》を取ってしまうという結果にならないのでしょうか。（中略《ちゅうりゃく》）

[2] 私たちは自分が差別をしたと周囲から指摘《してき》されることに、なぜこれほどまで怯《おび》えるのでしょうか。あるいは差別をするかもしれない自分の姿《すがた》を考え直そうとするとき、なぜこれほどまで自らの思いや感情《かんじょう》、身体までもが緊張《きんちょう》し固まってしまうのでしょうか。

[3] 私は、私たちが持ってしまっている、こうした〝差別をめぐる構《かま》え〟から、なんとか崩《くず》したいと考えています。

[4] 世の中には、ある人々をめぐる根拠《こんきょ》のない「決めつけ」や＊恣意的《しいてき》な「思い込《こ》み」があり、ある問題や出来事をめぐり「歪《ゆが》められ」「偏《かたよ》った」理解《りかい》の仕方などがあります。

[5] 「差別する可能性」とは、世の中に息づいている、こうした他者理解や

読解ナビゲーション

ナビ①

文章のはじめの部分には、多くの場合、**文章の主題（テーマ）**などが示《しめ》されます。**【文章1】**でも、[1]段落《だんらく》を慎重《しんちょう》・丁寧《ていねい》に読み、筆者がどのようなことについて説明しようとしているかを、しっかりと確認《かくにん》しましょう。

[1]段落では、**「差別（する可能性）」**について書かれています。

これをおさえながら、あとの文章を読み進めて行きましょう。

ナビ②

[4]～[7]段落では、[1]段落で筆者が示した**「差別する可能性」に対する問題提起《ていき》**を、さらに深く、広く展開《てんかい》しています。

解答 ▶ 別冊11ページ

現実理解《げんじつりかい》をめぐる知や*情緒《じょうちょ》に私たちが囚《とら》われてしまう〝あやうさ〟のことです。こうした知や情緒を私たちが生きていくうえで適切《てきせつ》であり必要なものなのかを批判的《ひはんてき》に検討《けんとう》しないで、そのまま認《みと》めてしまう〝あやうさ〟のことです。

❷

6 ❷さらに言えば、「差別する可能性」とは「差別者になる可能性」ではありません。むしろ私たちは、自らの「差別する可能性」に気づけば、それを修正《しゅうせい》し、他者に新たに向きあい、理解するための指針《ししん》として活用することができます。つまり、この可能性は「差別をしない可能性」に*変貌《へんぼう》すると私は考えています。

7 ❷では、いったいそもそもどこに、この根拠《こんきょ》のない決めつけや恣意的な思い込み、歪められた知や情緒が息づいているのでしょうか。それらは、まさに「普通《ふつう》」に生きたいと考える私たちの「常識《じょうしき》」に息づいており、「普通」の中で、活《い》き活《い》きとうごめいているのです。

8 私たちは、「普通」でありたいと望みます。また自分は特別ではなく、差別という出来事からも遠い、「普通」の人間だと思う場合も多いでしょう。ただ「普通」であることは、差別をめぐる関わりから一切私たちを切り離《はな》してくれる〝保障《ほしょう》〟などでは決してありません。

9 むしろ「普通」の世界には、さまざまな「ちがい」をもった他者をめぐる思い込みや決めつけ、過剰《かじょう》な解釈《かいしゃく》など、歪められ、偏り、硬直《こうちょく》した知や情緒が充満《じゅうまん》しており、こうした知や情緒を「あたりまえ」のものとして受容《じゅよう》してしまう時、まさに私たちは「差別的日常《にちじょう》」を生きているといえます。

10 こう考えていけば、差別はけっして特別な誰かが特別な誰かに対して

5段落では、「差別する可能性」とは、

- 他者理解や現実理解をめぐる知や情緒に私たちが**囚われてしまう〝あやうさ〟**
- 知や情緒を私たちが生きていくうえで適切であり必要なものなのかを**批判的に検討しないで、そのまま認めてしまう〝あやうさ〟**

だと説明しています。

これをふまえながら、6段落の最初にある「さらに言えば」や、7段落の「では、いったい」などの、論理《ろんり》のつながりを表すことばに注意しながら読み進めていくようにしましょう。

起こす限《かぎ》られた社会問題ではありません。それは私《わたし》が生きて在《あ》る日常《にちじょう》のなかでいつでも起こり得《う》る普遍的《ふへんてき》で普通の現象《げんしょう》です。だからこそ、声高に「差別はしてはいけない」とだけ叫《さけ》ぶのではなく、まずは私が「差別する可能性《かのうせい》」「差別してしまう可能性」を認《みと》めたうえで、なぜそんなことを私はしてしまうのかを思い返すチャンスとして、つまり〝よりよく他者を理解《りかい》し生きていくための大切な指針《ししん》〟として「差別」を活用すべきではないでしょうか。

[11] 「普通であること」を見直すことから自らが思わず知らずはまり込《こ》んでしまっている差別する可能性を掘《ほ》り起こし、自分にとってより気持ちのいい「普通」とは何かを考え直し、そこに向けて自分にとっての「普通」を作り替《か》えていくこと、新しい「普通」を創造《そうぞう》していくことこそ、「差別を考える」ことの核心《かくしん》に息づいています。

[12] ところで、なぜ私は「差別を考えること」が重要だと言っているのでしょうか。

[13] それは他者とつながる〝ちから〟を得《え》る原点だと考えているからです。自らの「普通」や「あたりまえ」を掘《ほ》り崩《くず》して、さらに「差別」という「問題」を理解しようとします。そうした過程《かてい》で、私たちは異質《いしつ》な他者や他者が生きてきた圧倒的《あっとうてき》な〝現実〟と出会うことができるでしょう。そこには自分がこれまで想像《そうぞう》もできなかったような厳《きび》しい生があり、厳しい生のなかで「ひと」として豊《ゆた》かに生きてきた他者の姿《すがた》があります。こうした他者の姿と出会ったとき、私たちは二つのことを実感するでしょう。

[14] 一つは、いかに他者とつながることが難《むずか》しく厳しいものであるかということです。今一つは、他者とつながることでいかに優《やさ》しさや豊かさを

ナビ 3

[11]段落《だんらく》では、[7]段落で筆者が示《しめ》した、**「根拠《こんきょ》のない決めつけや恣意的な思い込み、歪《ゆが》められた知や情緒」(=差別する心)**がある場所として、私たちがもつ「普通である」という感覚(常識《じょうしき》)をどうあつかうべきなのかについて、一つの結論《けつろん》が示されています。

さらに[12]〜[15]段落では、筆者が[11]段落で示した結論の理由がくわしく説明されています。

このように、論説文を読むときには、

- 問題意識あるいは問題提起《ていき》
- 結論
- 結論の理由

という三つの要素《ようそ》を整理することで、筆者が文章全体を通して主張しようとしている内容を正確《せいかく》に理解することができます。

得《え》られるのかということです。この二つを実感するからこそ、他者と多様で多彩《たさい》な〝距離《きょり》〟があることに驚《おどろ》き、悩《なや》み、苦しみながらも、他者を理解しつながりたいという〝意志〟が「わたし」のなかに沸《わ》き起こってくるのです。

15 いま、世の中では、さまざまな理由から、「わたし」と他者がつながる〝ちから〟が萎《な》え、他者とつながる可能性が奪《うば》われつつあります。「わたし」が、そうした〝ちから〟をとり戻《もど》すためにも、「差別する可能性」とは何かを考え活用し、「差別的日常」を詳細《しょうさい》に読み解《と》き、「わたし」が気持ちよく生きていける意味に満ちた、新たな「普通」を創造する必要があるのです。

（好井裕明《よしいひろあき》『他者を感じる社会学　差別から考える』による）

〈語注〉

＊**烙印《らくいん》を押《お》される**　消すことのできない悪名を負うこと。

＊**恣意的《しいてき》**　自分勝手な。　＊**情緒《じょうちょ》**　折にふれて起こる様々の感情。

＊**変貌《へんぼう》**　姿《すがた》や様子が変わること。

【文章2】

1 ＊岩井建樹《いわいたてき》さんの本を読んだとき、ある「思い込み」に気づき、あらためて驚《おどろ》きました。彼《かれ》の息子《むすこ》さんは「顔面右側の表情筋《ひょうじょうきん》の不形成」という診断《しんだん》を受けました。顔の右側の筋肉《きんにく》や神経《しんけい》が少なく、原因《げんいん》は不明とのことです。その結果として、息子(拓都《たくと》)さんは〝普通の人が笑うようには笑えなく〟、そのことへの問いとジャーナリスト魂《たましい》が〝＊ユニークフェイスへの旅〟へ岩井《いわい》さんを誘《さそ》ったのです。本の最後に岩井さんはこう書い

4

ています。

何より、僕《ぼく》の中にある偏見《へんけん》を解《と》きほぐしてくれたのは、拓都《たくと》でした。楽しいことがあれば屈託《くったく》なく笑う姿《すがた》は、「笑顔《えがお》は左右対称《たいしょう》でなければならない」という僕の価値観《かちかん》がそもそも間違《まちが》っていることを教えてくれました。彼《かれ》の笑顔は、僕の心を温めてくれます。多少ゆがんだ表情《ひょうじょう》でも、心から楽しく笑っているかどうかは相手に伝わります。（中略《ちゅうりゃく》）

2 岩井《いわい》さんの、この語りに出会い「そうなのだ」と私《わたし》は膝《ひざ》を叩《たた》きました。誰《だれ》であれ、顔や身体は左右対称にはできていない。それを〝均整《きんせい》の取れた顔や身体〟という価値を後生大事に守ることによって、そうではない自分の顔や身体、人々の姿を、さまざまにマイナスの意味を与《あた》えて「決めつけ」ているのだ、と。そしてこの「決めつけ」は人間の顔や姿など「外見」にとどまるものではないだろう。〝均整の取れたこころ〟などというものは果たして存在《そんざい》するのだろうか。それもまた「思い込《こ》み」ではないだろうか。私たちは誰もが、どこか均整がとれていないこころを持ち、均整がとれていないこころの持ち主同士《どうし》が出会い、つながりつづけようと、互《たが》いに交信しあっているのではないだろうか。だからこそ、私たちは、アンバランス同士で衝突《しょうとつ》したり、すれ違ったり、せめぎあい、なかば必然的に〝摩擦《まさつ》熱〟としての日常的《にちじょうてき》な差別や排除《はいじょ》を起こしてしまっているのではないだろうか。こんなことを考えながら、私は岩井さんの本を読み終えました。

（好井裕明《よしいひろあき》『他者を感じる社会学　差別から考える』による）

〈語注〉

＊**岩井建樹さんの本**　『この顔と生きるということ』（朝日新聞出版《あさひしんぶんしゅっぱん》二〇一九年）。

ナビ 4

【文章2】は、**【文章1】**で説明された、私たちがもつ「普通である」という感覚を見直すということについて、具体的に述《の》べています。

単純《たんじゅん》に内容《ないよう》を追うのではなく、どの部分が【文章1】の内容に対応するのかをしっかり考えながら読み進めましょう。

【文章2】の1段落《だんらく》では、岩井建樹さんの息子《むすこ》さんの「ユニークフェイス」にまつわる本の内容が、2段落では、1段落の内容をもとに筆者が考えたことが書かれています。

段落ごとに内容を整理し、筆者の主張《しゅちょう》をつかみましょう。

＊ユニークフェイス　病気やけがが原因《げんいん》で生じた異質《いしつ》な容貌《ようぼう》のこと。

新傾向

問　——線部「私たちは誰もが、どこか均整がとれていないこころを持ち、均整がとれていないこころの持ち主同士が出会い、つながりつづけようと、互いに交信しあっている」とありますが、どういうことですか。【文章1】のことばを用いて、四十五字以上五十字以内で説明しなさい。

解答ナビゲーション

ナビ　問

この問題では、【文章2】のことばである——線部を、【文章1】のことばを使って説明することを求められています。

——線部の内容が、**【文章1】**のどの部分に重なるかを考えてみると、答えを考えやすくなります。その際《さい》、ことばに**「プラス」**か**「マイナス」**のどちらの意味がこめられているかを判断《はんだん》することも、重なっている部分を探《さが》しやすくするための一つのコツです。

——線部の後半の「つながりつづけよう」に着目して、**【文章1】**の中から似《に》たような話題を論《ろん》じている部分を探しましょう。

ナビゲーションつき練習問題④

次の文章を読んで、あとの問いに答えなさい。

（東京・筑波大学附属中）

【文章1】

[1] 流域《りゅういき》は、大地に降《ふ》り注ぐ雨の水を、川の流れに変換《へんかん》するマジックランドです。簡単《かんたん》に説明しましょう。

[2] わたしたちの暮《く》らす星「地球」は水の惑星《わくせい》です。地表の七割《わり》は海であり、陸域にも川、湖、湿原《しつげん》など、水の領域《りょういき》が広がっています。それだけではなく、地面の中にも大量の水がある。あるいは、南極、北極、高地には「氷」という形で、大量の水が存在《そんざい》します。さらには、厚《あつ》さ十キロメートルを超《こ》える対流圏《たいりゅうけん》と呼《よ》ばれる大気中にも、気体、液体《えきたい》、固体状《じょう》の水が大量に含《ふく》まれています。

[3] 気体、液体、固体と、様々な形をとる水は、太陽のエネルギーや火山の熱、人間の排出《はいしゅつ》する熱などに※駆動《くどう》され、相互《そうご》に形を変えながら、地球という惑星の基本《きほん》領域で循環劇《じゅんかんげき》を繰《く》り広げます。地球は水の惑星というだけでなく、壮大《そうだい》な水循環の惑星でもあるのです。

[4] 太陽の熱を受けて、海から蒸発《じょうはつ》する水は、対流圏に広がり、上空で冷えれば雲になり、雲が風にのって陸域へと流れ、そこで冷えれば雨や雪となって大地へと降り注ぎます。降り注がれた雨水は重力によって低き

読解ナビゲーション

ナビ①

文章のはじめには、多くの場合、その文章の**主題**が示《しめ》されます。

この【文章1】の[1]段落《だんらく》では、**「流域」**とは、**「大地に降り注ぐ雨の水を、川の流れに変換するマジックランド」**だと説明しています。これをふまえて先を読んでいきましょう。

ナビ②

[2]～[4]段落では、**「雨の水」**が**「川の流れに変換」**されるようすを説明しています。

そして、[5]段落では、その**雨の水が川の流れに変換される過程《かてい》**で、**流域が重大な役割を果たす**とまとめています。

つまり、[2]～[5]段落は、[1]段落をくわしく説明しているのです。

解答 別冊12ページ

に集まり、土に吸収《きゅうしゅう》され、地表を流れ、地中を流れ、あるものは地中深くに浸透《しんとう》して地下で*水塊《すいかい》を形成します。地表や浅い地中を流れる水は、小川となり、合流して大きな川になり、海に注がれます。地球の水循環はこのようなストーリーで語ることができます。

5 この循環劇の中で、流域という地形が重大な役割を果たします。地上へと降り注いだ雨や雪の水を集め、川や水系《すいけい》の流れに変換し、河口《かこう》に運ぶ働きです。流域は、地球という水の星の大地に降る雨を川に変換する不思議な大仕事を果たし続ける、マジックランド。わたしはそう感じています。

6 流域とは、雨の水を川に変換する大地の構造《こうぞう》。そこから、もう少し具体的に理解《りかい》するためには、地形・生態系《せいたいけい》という二つの視点《してん》を重ね理解しておく必要があります。

7 第一に、大地の凸凹《でこぼこ》構造、地形そのものという面でみれば、流域は「大小高低にかかわらず*尾根《おね》という大地の盛《も》り上がりに囲《かこ》まれた窪地《くぼち》」として定義《ていぎ》することができるでしょう。窪地であれば、すべてが流域かというと実はそう簡単ではありません。南極の氷の大地にも、サハラ砂漠《さばく》にも、大地の*隆起陥没《りゅうきかんぼつ》や風の力で形成される凸凹がありますが、それらについては、ここでは流域と呼《よ》ばないことにしておきましょう。流域は「雨の降る大地における固有の凸凹」と、考えておきたいと思います。

8 雨の降る大地で尾根に囲《かこ》まれた窪地は、雨の水をどうするのでしょうか。それらを集めてその一部を流水にして、川・水系に変換して海や湖に注ぎ込《こ》みます。流域は、雨の水を水系に集める尾根に囲まれた大地の窪地。雨の降る陸域において、雨の水を水系に変換する地表における水

ナビ 3

6段落からは、今までの話を発展《はってん》させて、「流域」についてさらに深く説明しています。

続く7・8段落では、「地形」という視点から見た流域について論《ろん》じていることもおさえましょう。

③

循環《じゅんかん》の単位地形ということができるでしょう。専門的《せんもんてき》な文章では、これを縮《ち》めて「流域《りゅういき》は、陸域における水循環の基本《きほん》単位」などということもあります。さらに具体的に考えれば、それらの地形はたくさんの生物たちの暮《く》らしや人の暮らしに大きな影響《えいきょう》を与《あた》え、同時に、影響される実在《じつざい》でもあります。流域という基本地形は、水循環の様々な過程《かてい》や機能《きのう》を介《かい》して、多種多様な生物の暮らしを支《ささ》え、人の営《いとな》みと関係しています。

④

9 ＊生態《せいたい》学の専門用語では、特定の空間について、そこで展開《てんかい》される様々な物理化学的な過程と、その影響のもとに相互《そうご》作用しながら暮らす生物の全体をシステムとみなし、生態系《せいたいけい》と呼《よ》びます。この視点《してん》を導入《どうにゅう》すると、水循環の基本単位である流域という地形は、流域生態系でもあるということになります。人間の暮らしに重点をおけば、流域という地形は人間の暮らしも左右する流域生態系と言えます。つまりは、流域生活圏《せいかつけん》と呼ぶこともできるのです。

10 つまり雨の水を川に変える「流域」という地形は、水循環の基本単位であり、その空間に展開する生物世界を含《ふく》めて考えれば流域生態系であり、人の暮らしまで含めて考えれば、流域生活圏でもあるということです。

（岸由二《きしゆうじ》『生きのびるための流域思考』による）

〈語注〉

＊**駆動**　動力をあたえて動かすこと。

＊**水塊**　海水の大きなかたまり。

＊**尾根**　谷と谷との間につき出た山地の連なり。

＊**隆起**　自然現象《げんしょう》により土地が盛《も》り上がること。

＊**生態学**　生物と環境《かんきょう》の相互作用を研究する生物学の一分野。

ナビ④

● 9段落《だんらく》では、「生態系」という視点から見た流域について論《ろん》じています。

● 7・8段落で述《の》べた「地形」という視点から見た流域

● 9段落で述べた「生態系」という視点から見た流域

の二つの要素《ようそ》をふまえ、10段落のまとめの内容《ないよう》をおさえましょう。

【文章2】

1 生物多様性《たようせい》に支えられて人間の暮らす地球の領域《りょういき》を「生命圏」と呼びます。*攪乱《かくらん》され、変動してゆく生命圏に、人類はどのように適応《てきおう》し、持続可能《かのう》な暮らしを実現《じつげん》してゆくことができるのでしょうか。

2 危機《きき》を生み出しているわたしたちの文明は、産業《さんぎょう》文明と呼ばれます。都市を活動のエンジンとし、科学技術《ぎじゅつ》の力を駆使《くし》して莫大《ばくだい》なエネルギーを消費《しょうひ》し、壮大《そうだい》な規模《きぼ》で環境《かんきょう》を改変し、大量生産、大量消費を続ける不思議な文明。どのようにすれば生命圏と持続的に共存《きょうぞん》できる文明へと転《てん》換《かん》してゆけるのでしょうか。

3 人類のめざす未来については様々な意見があります。「産業文明が生命圏に適応することは不可能に決まっている。人類は都市をエンジンとする産業文明を捨《す》てて、生命圏に溶《と》け込《こ》む脱科学《だつかがく》の素朴《そぼく》な共同体型《がた》の未来を選ぶしかない。」と考える人もいます。「いや、人類は科学技術の力をさらに強化し、生命圏全体をコントロールするばかりか、生存世界を宇《う》宙《ちゅう》にも広げてゆくのだ。」と、勇ましく考える人もいます。

4 わたしはいずれの意見にも反対です。想像《そうぞう》を絶《ぜっ》する悲惨《ひさん》な展開《てんかい》なしに、産業文明を廃止《はいし》することなど、できるはずがありません。地球を捨てて、宇宙へ移動《いどう》するというのは夢《ゆめ》物語でしょう。過去《かこ》数百年の人類の歴史《れきし》でみれば、未来は先例のない変化になるかもしれませんが、人類はそこに生き続けるしかありません。しっかり工夫《くふう》すれば、たとえ大規模な環境改変が続いたとしても、都市をエンジンとする産業文明は、地球での持続可能な暮らしを実現することができると、わたしは考えています。

5 その鍵《かぎ》の一つが、地図の問題だとわたしは考えています。生命圏《せいめいけん》と持

ナビ⑤

1～2段落では、乱《みだ》されている**「生命圏」と人間が持続的に共存していけるか**という問題が示《しめ》されています。

また、「生命圏」は、このあとも何度も出てくるキーワードなので、1段落のはじめで書かれている定義《ていぎ》を、きちんとおさえておきましょう。

ナビ⑥

4段落では、1・2段落で示された問題に対する、**筆者の意見**が書かれています。**しっかり工夫すれば、たとえ大規模な環境改変が続いたとしても、都市をエンジンとする産業文明は、地球での持続可能な暮らしを実現することができる**というのが、筆者の意見です。

3段落は、比較《ひかく》のために示された別の人たちの意見なので、読みまちがえないようにしましょう。

7

続可能《かのう》に付き合ってゆく地図の工夫《くふう》が大きな課題なのだと思うのです。

6 わたしの提案《ていあん》は流域思考《りゅういき》。いまわたしたちの日常《にちじょう》が＊依拠《いきょ》している地図は、国や県や、様々な行政的《ぎょうせいてき》な単位で区切られたもの。そんな地図に基《もと》づく活動が、豪雨《ごうう》・水土砂災害《どしゃさいがい》を筆頭に、すでに様々な不適応《ふてきおう》を起こしています。水循環《みずじゅんかん》の大攪乱《だいかくらん》が、生命圏規模《きぼ》でひきおこしてゆくだろう豪雨の時代への適応を進めてゆくには、暮《く》らしの地図の領域《りょういき》に、流域という地形、生態系《せいたいけい》を単位とする「流域地図」を導入《どうにゅう》してゆくのがいい。そんな地図を、大小の規模にかかわらず活用し、防災《ぼうさい》、環境保全《かんきょうほぜん》の工夫をすすめてゆく流域思考が、生命圏再《さい》適応の鍵《かぎ》になるというのが、わたしの意見なのです。

（岸由二《きしゆうじ》『生きのびるための流域思考』による）

〈語注〉

＊攪乱　かき乱《みだ》すこと。

＊依拠　よりどころとすること。

新傾向

問1 【文章1】で取り上げた「流域」に着目する理由について、【文章2】ではどのように述《の》べていますか。最も適切《てきせつ》なものを次から一つ選び、記号で答えなさい。

ア　地球の環境を危機《きき》から救《すく》うためには、産業《さんぎょう》文明を廃止《はいし》し川と共に生きる共同体型《がた》の未来を選択《せんたく》するしかないから。

イ　行政的な単位で区切られた地図に基づく活動は、豪雨や水土砂災害に対して上手に適応することができないから。

ウ　科学技術《ぎじゅつ》力をさらに強化し生命圏全体をコントロールするために、水資源《しげん》をめぐる環境を改変するしかないから。

ナビ 7

5・6段落《だんらく》では、4段落で述べられた筆者の意見を実現《じつげん》する「鍵」について述べています。

ここで、「流域」という【文章1】でテーマとなったことばが出現しています。このことばがどのように使われているかをおさえながら、筆者の考えを読み取りましょう。

解答ナビゲーション

ナビ 問1

【文章2】で「流域」ということばが出てくるのは、6段落です。

ここに注目しながら、選択肢《せんたくし》の内容を考えましょう。

エ　水資源を考える上で、地中深くに形成された水塊《すいかい》と地表や浅い地中を流れる川の両方の果たす役割《やくわり》が大きいから。

新傾向

問2　**【文章１】【文章２】で述べられていることを比較《ひかく》した内容《ないよう》として最も適切なものを次から一つ選び、記号で答えなさい。**

ア　【文章１】が地球全体の自然環境を守るという視点から流域生態系の重要性《じゅうようせい》を述べているのに対し、【文章２】は人間の暮らしを守るという視点から流域生活圏の重要性を述べている。

イ　【文章１】が地球内部にも浸透《しんとう》する水資源の立場から流域という考え方の重要性を述べているのに対し、【文章２】は地表に存在《そんざい》する水資源の立場から流域の考え方の重要性を述べている。

ウ　【文章１】が地球規模で考えた水循環の中で流域の果たす役割の重要性を述べているのに対し、【文章２】は地球規模での防災や環境保全を考える上で流域の果たす役割の重要性を述べている。

エ　【文章１】が科学的な思考過程《かてい》により地球上の海や川の流域の重要性を述べているのに対し、【文章２】は脱《だつ》科学的な思考過程により、流域を地図上に表示することの重要性を述べている。

ナビ　**問2**

この問題の選択肢では、**【文章１】【文章２】**を「比較」しています。

つまり、【文章１】について述べている部分と【文章２】について述べている部分に分けられるのです。

まぎらわしい選択肢は、前半と後半に分割《ぶんかつ》して、合っているかどうかを判断《はんだん》していくとよいでしょう。

入試問題にチャレンジ

制限時間 20分

解答 別冊14ページ

次の【文章1】【文章2】を読み、あとの問いに答えなさい。

（神奈川・浅野中）

【文章1】

鴻上《こうかみ》　二〇二〇年の前半はコロナ禍《か》によってさまざまな風景が現《あらわ》れました。「自粛警察《じしゅくけいさつ》」「マスク警察」といった言葉に代表される、監《かん》視《し》や排除《はいじょ》の心情《しんじょう》、あるいは差別と偏見《へんけん》。そうしたものが一気に炙《あぶ》り出されたと思います。なかでも、より分かりやすいかたちで可視化《かしか》されたのが、日本社会の同調圧力《あつりょく》だったのではないでしょうか。

同調圧力とは、少数意見を持つ人、あるいは異論《いろん》を唱える人に対して、暗黙《あんもく》のうちに周囲《しゅうい》の多くの人と同じように行動するよう強制《きょうせい》することです。こうしたものに、僕《ぼく》はいまも、息苦しさを感じています。コロナが怖《こわ》い、確《たし》かにその通りなのですが、それ以上に、何かを強《し》いられることが、そして異論が許《ゆる》されない状況《じょうきょう》にあることが、何よりも怖い。

もちろんコロナ以前にもさまざまなかたちでの同調圧力は存在《そんざい》しました。たとえば学校や会社のなかで先輩《せんぱい》や上司に言われたことはどんなにムチャな命令でも黙《だま》って従《したが》うべきだとか、会社が苦しいんだからいまは我慢《がまん》しろとか、さまざまな理不尽《りふじん》を受け入れるしかない空気がありました。僕が以前からくりかえし述《の》べている「空気を読め」の風潮《ふうちょう》です。それが、コロナによって、明確《めいかく》に、そして狂暴《きょうぼう》になって現れてきたように感じるんです。コロナは、確かに存在するくせに日本人および日本社会があいまいにしていたものを私《わたし》たちに突《つ》きつけた気がします。（中略《ちゅうりゃく》）

佐藤《さとう》　「自粛」と聞いて僕がすぐに思い出したのは、二〇一一年の東日本大震災《だいしんさい》直後に人の姿《すがた》が消えた異様な街の風景でした。あのとき、被災地《ひさいち》に大挙して入ってきた外国メディアから絶賛《ぜっさん》されたのは、海外だったらこうした無秩序状態《むちつじょじょうたい》でおこりうる略奪《りゃくだつ》も暴動《ぼうどう》もなく、被災者《ひさいしゃ》が避難所《ひなんじょ》できわめて冷静にかつ整然と行動していたことです。

今回の自粛もそうですが、命令があったわけでもないのに、いったいなぜこういった行動を取れるのでしょう。僕の答えは簡単《かんたん》で、日本には海外、とくに欧米《おうべい》には存在しない「世間」があるからです。震災で「法のルール」がまったく機能《きのう》を失っても、避難所では被災者の間で自然発生的に「世間のルール」が作動していたんですね。ところが欧米には社会はあるが、「世間」がないために、震災などの非常時《ひじょうじ》に警察が機能しなくなり、社会のルールである「法のルール」が崩壊《ほうかい》すると、略奪や暴動に結びつきやすい。アメリカなどで災害時にスーパーなどが襲《おそ》われ、商品が略奪されるのはそのためです。

鴻上　肝心《かんじん》なのはそこです。「世間」と「社会」はどこが違《ちが》うのか。

佐藤　それがきわめて重要です。日本においては、「世間」と「社会」の違いこそが、ありとあらゆるものの原理となっているのですから。

鴻上　おそらく学者である佐藤さんと、作家である僕では、語るべき言葉の質《しつ》が違うと思います。まずは僕からその違いについて説明させてください。僕がいつも単純《たんじゅん》に説明しているのは、「世間」というのは現在及《げんざいおよ》び将来《しょうらい》、自分に関係がある人たちだけで形成される世界のこと。分かりやすく言えば、会社とか学校、隣《となり》近所といった、身近な人びとによってつくられた世界のことです。そして「社会」というのは、現在または将来においてまったく自分と関係のない人たち、例えば同じ電車に乗り合わせた人とか、すれ違っただけの人とか、映画館《えいがかん》で隣に座《すわ》った人など、知らない人たちで形成された世界。つまり「あなたと関係のある人たち」で成り立っているのが「世間」、「あなたと何も関係がない人たちがいる世界」が「社会」です。ただ、「何も関係がない人」と、何回かすれ違う機会があり、会話するようになっても、それはまだ「社会」との関係にすぎませんが、やがてお互《たが》いが名乗り、どこに住んでいるということを語り合う関係に発展《はってん》すれば、「世間」ができてくる。

佐藤　日本人は「世間」に住んでいるけれど、「社会」には住んでいない、ということですね。

鴻上　はい、昔からよく言われますね。エレベーターなどで知らない人と同乗すると、日本人はお互いに何の会話もしないまま、光る数字を見上げているとか。同じ「世間」の人ではないからですね。

佐藤　欧米の人はホテルの廊下《ろうか》ですれ違った際《さい》にも挨拶《あいさつ》をしてきますね。

鴻上　何で僕が「世間」と「社会」の違いを言い続けているかというと、今は「世間」というものが中途半端《ちゅうとはんぱ》に壊《こわ》れてしまっていると考えてもいるからなんです。たとえば江戸《えど》時代――いや、明治から大正、昭和の終戦前後まで含《ふく》めてもいいと思っているのですが、隣近所とお米とかしょうゆの貸《か》し借りが都会でも当たり前のようにおこなわれていました。まだ「世間」が充分《じゅうぶん》に機能していたんですね。「世間」がいわゆる「セイフティーネット」の役割《やくわり》を担《にな》っていて、同じ「世間」に生きる人を守ってもくれていたのです。

　ところが、「世間」が中途半端に壊れてきた今は結局、守ってくれるものが中途半端なかたちでしか存在しない。だから、僕たちがつながらなければいけないというか、手を伸《の》ばさなければいけないのは、「社会」という自分とは無縁《むえん》の人たちの世界で、その人たちとどう関係をつくっていくか。そこにしか日本人の未来はないんじゃないかと思っているのです。（中略）

鴻上　では、よく言われる、「ウチとソト」と「世間と社会」の違いというのは、佐藤さんはどう説明していますか。

佐藤　僕はこう言うんですよ。社会というのは、原理的に一つしかないんです。一つしかないものにはウチもソトもないわけですよ。たった一つしかないものにはウチもソトもない。だから社会はあまり排他的《はいたてき》にならない。ところが「世間」というのは、小さいやつから大きいやつまで、たくさんあるんですね。たくさんあるから、外側と内側の区別がお互《たが》いの世間の間でできてくる。排他性《はいたせい》も生まれてきたりするわけです。

鴻上《こうかみ》　僕《ぼく》が世間と社会の説明をすると、「それはつまり、ウチとソトのことでしょう。ウチが世間で、ソトが社会なんでしょう」とよく言われたりするんですよ。

佐藤《さとう》　日本ではね。

鴻上　そう、日本では。日本人だと、ウチソト論《ろん》というものが結構《けっこう》有名じゃないですか。自分が関係している世界をウチと呼《よ》び、それ以外をソトと呼ぶ。ウチソト論と、僕らが今言っている世間・社会論とは、どこが違《ちが》うと思いますか。

佐藤　基本的《きほんてき》に「世間」のあるところでは、「世間」の内側は身内ということですよね。「世間」の外側は何かというと、赤の他人。

鴻上　うん、ソトですね。

佐藤　赤の他人とか、ソトの人を「外人」という言い方もしますね。結局、世間の内側の人間に対しては非常《ひじょう》に親切にするけど、外側の人間に対しては無関心か排除《はいじょ》する。これが基本的な構図です。それで、日本人は社会に生きていないから、「世間」のソトにもやはり違う「世間」があって、そこでもウチとソトをつくっている関係じゃないですかね。「世間」の外側が社会になっているということではなく、たくさんの「世間」があって、それがお互い島宇宙《しまうちゅう》みたいな感じで存在《そんざい》している。

鴻上　つまり、ウチとソトという単純《たんじゅん》な二分法ではないということですか？

佐藤　うん。つまり、こういうことなんです。例えばパブリック(public)という言い方があるじゃないですか。パブリックというのは、日本では「公共」と訳《やく》されていて、公共というのは公共事業とか、公共団体《だんたい》とか国家とか、そうしたものを意味する。しかし、パブリックの本来の意味は社会に属《ぞく》する概念《がいねん》で、しかも国とか、オフィシャルなものと対立する人びとのつながり。それが公共、パブリックなんですよ。これは「世間」全体を横断的《おうだんてき》につなぐ原理です。ところが日本では、「世間」のウチとソトの意識《いしき》が強いため、共通の原理であるパブリックが成立しにくい。

鴻上　パブリックとは、すぐに国家だと思っちゃうわけですね。

佐藤　「社会」の話に戻《もど》りますと、欧米《おうべい》では殺《ころ》し合いを避《さ》けるために法律《ほうりつ》ができた。アメリカは訴訟《そしょう》社会と言われるわけですが、法律以外に頼《たよ》るもの、基準《きじゅん》となるものがないんです。あれだけ多民族社会になって、宗教《しゅうきょう》も違うし、物の考え方も違うし、目の色も違う。そういう人間が集まったときに、最終的に解決《かいけつ》する方法は法律しかない。となれば、「社会のルール」というのは「法のルール」なわけです。ルール・オブ・ロー(rule of law)と言いますが、「法の支《し》配《はい》」という意味です。

　東日本大震災《だいしんさい》のときに海外メディアが避難所《ひなんじょ》に避難している被災《ひさい》者《しゃ》の冷静さを見て、絶賛《ぜっさん》したという話をしましたが、では、欧米ではどうなのか。アメリカではハリケーンなどが起きると、スーパーマーケットが襲《おそ》われたりするわけです。(中略《ちゅうりゃく》)

ところが日本の場合、なぜ被災者があんなに冷静に行動できたのかといえば、「みんな同じ」ような悲惨《ひさん》な状況《じょうきょう》に置かれた場合、「みんな同じ」という同調圧力《あつりょく》が働く。自分がこういう状況でも「しかたがない」と考える。「世間のルール」が働くんですね。だから、避難所に来ると、「おまえはトイレ掃除《そうじ》」とか「おまえは食事担当《たんとう》」とか、そういうかたちで任務分担《にんむぶんたん》をしちゃうわけですよね。これは国家や政治権力《せいじけんりょく》のような、上から降《お》りてきて法律や暴力《ぼうりょく》によって命令し、抑圧《よくあつ》するような権力とは違うわけです。「世間」の関係性《かんけいせい》がもたらす権力というか、フーコー(Michel Foucault)は「網《あみ》の目としての権力」という言い方をしていますが、それに近いかもしれないです。

だいたい、小学校、中学校で生徒に学校の清掃《せいそう》をさせるというのは日本だけでしょう。(中略)

そういうかたちで、小さいころから「世間のルール」を学んでくる。そうしたルールを学ぶことで、強い同調圧力が形成される。警《けい》察《さつ》が機能しなくなって「法のルール」が崩壊《ほうかい》しても、結局、「世間のルール」が働いて、略奪《りゃくだつ》も暴動《ぼうどう》も起きない。これが、日本が世界中で一番治安がよくて安全な国と言われていることの理由だと思うんですね。

でも、それは果たして良いことなのか、後で話したいと思います。

(鴻上尚史《しょうじ》・佐藤直樹『同調圧力　日本社会はなぜ息苦しいのか』による)

【文章2】

複雑《ふくざつ》きわまる現代《げんだい》の社会は問題が山積みだから、これらの問題を解決するために、科学の専門的《せんもんてき》な*知見をどのように使っていくのかは緊急《きんきゅう》の課題だ。

たとえば、ぼくがこれを書いているのは二一世紀《せいき》に入って二〇年が過《す》ぎたころ、豪雨《ごうう》や猛暑《もうしょ》、寒波などの異常《いじょう》な気象現象《きしょうげんしょう》が増《ふ》え、経《けい》済格差《ざいかくさ》が広がって社会の分断《ぶんだん》が広まり、前代未聞の感染症《かんせんしょう》(COVID-19)に世界中がおののいているときだ。二〇一一年には、東日本大震災と福島第一原発事故《じこ》もあった。いずれも、専門家《せんもんか》の知見を政治や社会の対応《たいおう》に反映《はんえい》させる際《さい》に、さまざまな不具合が生じた。

新型《しんがた》コロナ感染症に関していえば、日本に限《かぎ》らず世界中で同じ問題が露呈《ろてい》した。アメリカには疾病対策予防《しっぺいたいさくよぼう》センターという司令塔《とう》があり、イギリスには政府《せいふ》の首席科学顧問《こもん》がいる。いずれも、権限《けんげん》を集中させて専門家の中での意見のバラツキによって混乱《こんらん》しないよう「*ワン・ボイス」を発信し、それを政治の中枢《ちゅうすう》と密接《みっせつ》に連携《れんけい》して具体的な対応に落とし込《こ》んでいくためのしくみだ。しかし、うまく機能しなかった。

日本も、専門的知見の活用がうまくいっていないことにかけては最右翼《さいうよく》だ。そもそも日本には、首相《しゅしょう》の科学顧問もいなければ、その分野の専門的知見を集約している集中センターもない。なにか事が起こるたびに、そのつど臨時《りんじ》で当該分野《とうがいぶんや》の専門家を集めた会議体が形成されて、権限も責任《せきにん》もあいまいなまま、対応が進んでいく。なかばボランティアのようにして関係省庁《しょうちょう》や関係者たち(新型コロナ感染症《かんせんしょう》でいえば、保健所《ほけんじょ》や病院などの医療従事者《いりょうじゅうじしゃ》たち）がものすごいがんばりを見せ、どうにかこうにか難局《なんきょく》を乗り切っていく。毎回こういうパターンだ。

日本らしいといえば日本らしいが、もう少し専門知《せんもんち》をうまく活用することを考えないと、これから先、さらに大規模《だいきぼ》な未知の災害《さいがい》が生じたときに、対応《たいおう》しきれなくなって破局《はきょく》を招《まね》いてしまうのではないか。専門知を活用する制度《せいど》をある程度《ていど》整えてきた欧米諸国《おうべいしょこく》ですら、新型《しんがた》コロナ感染症では機能《きのう》しなかったのだ。ましてそれらの制度の整っていない日本にはこの先、さらに良くない状況《じょうきょう》が生じるのではないか。

日本社会は社会的同調圧力《あつりょく》——ムラ意識《いしき》——が強いのと、前にも述《の》べた公的空間と私的領域《していきりょういき》の境目《さかいめ》があいまいなこととから、専門的技能《ぎのう》を公共のために使うことに、あまり熱心ではないところがある。

（中略《ちゅうりゃく》）

新型コロナ感染症への対応がうまくいったのは、韓国《かんこく》や台湾《たいわん》など、少し前に重症急性呼吸器症候群《じゅうしょうきゅうせいこきゅうきしょうこうぐん》（SARS）、中東呼吸器症候群（MERS）などのコロナウイルスによる感染症で打撃《だげき》を受け、その際《さい》の失敗から体制を整えて準備《じゅんび》ができていた国か、あるいはニュージーランドのように首相《しゅしょう》のリーダーシップが明確《めいかく》で成功した国である。つまり、専門的知見があるかないかではなく、それを活用できるかできないかが、分かれ目なのだ。

今まで自分たちがやってきたやり方のまま進んでいくならば、専門的技能はいらない。むしろ、組織《そしき》に入ってから、そこでの仕事をこなしながら身につけていくことこそが、その道でうまくやっていくための「専門性」だったのかもしれないが、異業種《いぎょうしゅ》・異文化間での人と情報《じょうほう》のやりとりが圧倒的《あっとうてき》に多数になっている今、そのような内輪の論理《ろんり》だけではもはや立ち行かない状況になっているのは明らかだ。

文化や文脈《ぶんみゃく》に依存《いぞん》する暗黙知的《あんもくちてき》な「場の力」は、それはそれで強力ではあるけれども、それだけではなく、＊普遍的《ふへんてき》な場面でも効力《こうりょく》を発揮《はっき》する科学や技術《ぎじゅつ》の専門的知見をどれだけ有しているかが、なによりの資産《しさん》になるはずである。

これは、課題に事後的に対応する場合だけではなく、この先の組織や社会をどうデザインしていくかについても大きな役割《やくわり》を果たすはずだ。

（佐倉統《さくらおさむ》『科学とはなにか　新しい科学論、いま必要な三つの視点』による）

〈語注〉

＊**知見**　知識や見識のこと。

＊**ワン・ボイス**　ここでは「統一《とういつ》された意見」のこと。

＊**普遍的**　全てのものに当てはまること。

問１　**次の会話文は、【文章１】【文章２】を読んだ生徒たちが同調圧力によって起こる行為《こうい》をテーマに、話し合っている場面です。本文の趣旨《しゅし》に合わない発言として最も適切《てきせつ》なものを次から一つ選び、記号で答えなさい。**

ア　同調圧力でスマホを持つこともあるんじゃないかな。周りのみんながスマホでやりとりをしていると、自分もスマホを持たないといけない気分になるよ。

イ　スポーツの先輩《せんぱい》・後輩の関係もそうだよね。練習メニューなんかをもう少し合理的にしようと提案《ていあん》したら、うちの伝統《でんとう》だと反対されるのもそうかな。

ウ　いい部分もあるって言っていたね。多くの人が率先《そっせん》してマスクをしているのは、同調圧力の影響《えいきょう》とも考えられるよ。マスクの着用率《りつ》が高いことが海外の人から驚《おどろ》かれているんだってさ。

エ　他にも治安の良さや礼儀《れいぎ》正しさがいい部分なんじゃない。日本だと、落とした財布《さいふ》が自分の手元《もと》に戻る可能性《かのうせい》が高いって、僕《ぼく》も海外の人から聞いたよ。

オ　犯罪率《はんざいりつ》の低さも監視《かんし》の目があるからかしら。でも募金《ぼきん》した有名人がネットで偽善《ぎぜん》だ売名だと大勢《おおぜい》からたたかれることがあるのは、同調圧力の悪いところね。

［　　］

問2　**【文章1】【文章2】から読み取れる内容《ないよう》として最も適切なものを次から一つ選び、記号で答えなさい。**

ア　日本では周囲《しゅうい》と同じように行動するように強《し》いる空気から、差別やバッシングが起きるのに加え、他国同様、ムラ意識の強さにより専門家の意見を一つにまとめて政治《せいじ》の中枢《ちゅうすう》と密接《みっせつ》に連《れん》携《けい》することがさまたげられる。しかし、専門家の意見は未来のデザインのために必要になるはずだ。

イ　日本では「空気を読め」という風潮《ふうちょう》によって、異論《いろん》を許《ゆる》さない息苦しさが国全体を包んでいるとはいえ、社会的同調圧力によるプラスの効果《こうか》である現場《げんば》のがんばりや人々の絆《きずな》で、専門家なしでも今後も問題は解決《かいけつ》していくことだろう。したがって、この先の日本社会や組織は希望に満ちている。

ウ　日本では食べ物の貸《か》し借りが自然に行われるなど、隣《となり》近所の論理が身内である人々の生活を守ってくれる反面、この論理は、その道でうまくやっていくという専門的技能を身につけるには不適切である。したがって、今後は組織や世間を大きく作り変える努力が不可欠《ふかけつ》になっていくことだろう。

エ　日本では警察《けいさつ》が機能しないような危機的《ききてき》状況になったとしても、同調圧力により世間に治安が保たれる一方で、そのような同調圧力が強力であるあまり、専門的知見を用いることが阻害《そがい》される。しかし、専門的知見は、問題解決や将来《しょうらい》の在《あ》り方を考えていくのにたいへん重要である。

［　　］

ヒント

● まず、文章中で対比《たいひ》されているものごとや、「　」などをつけて強調されていることばから、二つの文章のテーマ（主題）は何か、共通点は何かを考えてみます。テーマ（主題）や共通点から、二つの文章の関係をつかんだうえで、問題に取り組みましょう。

3 ノート・メモの問題

解答 別冊18ページ

例題

次の文章と、文章の内容をまとめたノートの一部を読んで、あとの問いに答えなさい。

人間には、サルと違《ちが》うところが二つある。まず、人間は食材を調理して食べるという点だ。植物は虫や動物に食べられないように、硬《かた》い繊維《せんい》や※二次代《たい》謝物《しゃぶつ》で防御《ぼうぎょ》している。それを水にさらしたり、火を加えたりして食べやすくする方法を人間は発達させた。(中略《ちゅうりゃく》)日本人もその独特《どくとく》な文化によって、ニホンザルと比《くら》べると圧倒的《あっとうてき》に多様な食材を手に入れることができたのである。

もう一つの違いは、人間が食事を人と人とをつなぐコミュニケーションとして利用してきたことだ。サルにとって食べることは、仲間とのあつれきを引き起こす原因《げんいん》になる。自然の食物の量は限《かぎ》られているから、複数《ふくすう》の仲間で同じ食物に手を出せばけんかになる。それを防《ふせ》ぐために、ニホンザルでは弱いサルが強いサルに遠慮《えんりょ》して手を出さないルールが徹底《てってい》している。強いサルは食物を独占《どくせん》し、決して仲間に分けたりはしない。そのため、弱いサルは場所を移動《いどう》して別の食物を探《さが》すことになる。

ところが、人間はできるだけ食物を仲間といっしょに食べようとする。ひとりでも食べられるのに、わざわざ食物を仲間の元へもち寄《よ》って共食するのだ。

(山極寿一《やまぎわじゅいち》『ゴリラからの警告《けいこく》「人間社会、ここがおかしい」』による)

入試傾向

文章をまとめたノートなどを完成させる問題です。文章の要点をつかむ力、文章の内容《ないよう》を別の形式で再構《さいこう》成《せい》する力などが問われます。

ステップ1

文章の内容をおさえる

文章と共にノートなどの資料《しりょう》が示《しめ》された場合は、ついそちらに目が行きがちです。しかし、まずはメインの**文章の内容をきちんとおさえましょう。**

ステップ2

文章をふまえて まとめノートの内容をおさえる

まとめノートでは、文章の内容が別の形式で表現《ひょうげん》されています。**ステップ1** でおさえた**文章の内容で情報《じょうほう》を補《おぎな》いながら、どの部分がどのようなことを表しているのか**を考えていきましょう。

まとめノートの中には、**表や箇条書《かじょうが》き(一つずつ項目《こうもく》に分けて書き並《なら》べる形式)になっている箇所《かしょ》**などもあります(まとめノートの一部でなく、表・箇条書きだけが示される場合もあります)。

〈語注〉
＊二次代謝物　ここでは、植物の中で作られる成分。

【ノートの一部】

◎サルと人間の食に関する違《ちが》い

	サル	人間
食材	そのまま食べる	Ⅰ して食べる
食事のとり方	強いサルが食物を Ⅱ し、仲間には分けない	できるだけ食物を仲間と Ⅲ しようとする

→人間は、サルと比《くら》べて［　］という特徴《とくちょう》をもつ。

問1　**Ⅰ～Ⅲにあてはまることばをそれぞれ文章中から漢字二字でぬき出して答えなさい。**

Ⅰ［　］　Ⅱ［　］　Ⅲ［　］

問2　**［　］にあてはまることばとして最も適切《てきせつ》なものを次から一つ選び、記号で答えなさい。**

ア　食材を探《さが》し出す能力《のうりょく》が高く、食事をもめごとの解消手段《かいしょうしゅだん》として使う
イ　高度な文化を持ち、弱者に食物を分けあたえる優《やさ》しさを持っている
ウ　美味《おい》しいと感じる食材が多く、食事を強さのアピールの場と考える
エ　多様な食材を食べられて、食事をコミュニケーションとして利用する

［　］

表は、**文章の内容を項目ごとに整理して、わかりやすく示す**ために使用されます。**箇条書き**には、**項目ごとの情報の要点を簡潔《かんけつ》に伝える**効果《こうか》があります。

どの部分が、文章の内容とどう対応《たいおう》しているのかを総合的《そうごうてき》に考えつつ、設問《せつもん》で求められている解答《かいとう》を探《さが》しましょう。

文章は、**サルと人間の、食材のあつかい方・食事のとり方の違い**について述《の》べています。

【ノートの一部】の中の表は、見出しから**「サルと人間の食に関する違い」**についての表だとわかります。さらに項目から、Ⅰは**人間の「食材」のあつかい方**、Ⅱは**サルの「食事のとり方」**、Ⅲは**人間の「食事のとり方」**に関連しているとわかります。**問1**では、これらに合う部分を文章中から探しましょう。

問2の［　］には、前後の内容から、文章中に書かれている**サルと比べた、食に関する人間の特徴**があてはまると考えられます。文章の内容をふまえ、選択肢《せんたくし》を選びましょう。

ポイント

まとめノート内のことばは、文章のことばそのままではなく、要点をしぼって簡潔に言いかえていることも多いので、文章と対応させて内容を整理しましょう。

ナビゲーションつき練習問題❶

次の文章を読んで、あとの問いに答えなさい。

（神奈川・青山学院横浜英和中）

1 みなさんの家では新聞を取っていますか？ 取っていない家庭が多いと思います。今はインターネットが普及《ふきゅう》しているので、わざわざ新聞を取らなくても、ネットで無料の情報《じょうほう》が好きなだけ検索《けんさく》できるようになっています。

2 「新聞なんて、必要なの？」そんな声も聞こえてきそうですね。でも新聞はやはり必要だと私《わたし》は思います。ネットにメリットがあるように、新聞にもメリットがあるんです。

3 そのメリットは何かというと、ひとつにはネットの画面で見るより、紙に印刷された文字で読むほうが記憶《きおく》が定着することです。

4 ネットの情報はどうしても画面をサーッと流してしまいがちです。感覚的に文字が頭にひっかからないので、記憶にあまり残らない。サーッと読めてしまうのが、ネットの良いところでもあるのですが、記憶に定着するかという点で見たら、紙に印刷されたもののほうが、圧倒的《あっとうてき》に有《ゆう》効《こう》なのではないでしょうか。

5 なぜかというと、紙に印刷されたものは、文章が書いてあった場所や形を記憶にとどめやすいからです。

読解ナビゲーション

解答 別冊18ページ

ナビ❶

文章の流れを整理して、文章全体をいくつかのおおまかなまとまりに分けて読んでいきましょう。

まず、1～2段落《だんらく》では、「新聞なんて、必要なの？」という、この文章全体の話題が示《しめ》されています。これを問題提起《ていき》といいます。

そして、3段落以降《いこう》で、新聞のメリットをインターネットとの対比《たいひ》を通してわかりやすく論《ろん》じています。

3～5段落では、新聞は「紙に印刷され」ていて、**情報が記憶に定着する**こと、ネットは「画面をサーッと流してしまいがち」で、**情報が「頭にひっかからない」**ことが論じられています。

このちがいが生じる理由は、紙に印刷されたものは、文章が書いてあった場所や形を記憶にとどめやすいからだと5段落で述《の》べられています。

6 みなさんも新聞の紙面を思いだしてみてください。見出しの位置や大きさがみな違《ちが》いますし、記事が縦長《たてなが》だったり、横長だったり、レイアウトがいろいろですね。みな違うので、記憶にひっかかるフックがたくさんあるのです。

7 教科書もそうですね。私は世界史《せかいし》や日本史を勉強するとき、「あの話は教科書の右上に書いてあった」「あの項目《こうもく》は左すみにあった」など、場所や位置で記憶していました。

8 でももしそれらの事項がバラバラにタブレットの画面に出てきたら、ものすごく記憶しづらかったと思います。ネットの場合、全部が横書きの同じパターンで出てくるので、メリハリがなく、記憶に残りにくいのです。

9 たとえていえば、新聞の面は住宅地《じゅうたくち》で、そこに掲載《けいさい》されている記事は家のようなものです。新聞の場合はいろいろな形の家がさまざまなレイアウトで存在《そんざい》しているので、和風テイストのあの家とか、赤い屋根の洋館のあの家などと、ひとつひとつが記憶しやすい。

10 一方、ネットの記事は整理されているので、同じ形の家がずっと続いていくような感じです。つまり人工的な街なみなので、どの家をとっても記憶しづらいのです。

11 新聞のほうがいろいろな記事を、航空図《こうくうず》のように一覧《いちらん》できる良さがあります。

12 この「一覧性《いちらんせい》」が新聞のメリットです。ぱっと開いたときに全体を見通しやすいので、ざっと見出しを見て、その中でセレクトして記事を読むことができます。

さらに、7～13段落では、新聞や教科書などの紙に文字が書かれたものは、レイアウトがいろいろで、記憶にひっかかりやすい、ネットは、全部が横書きの同じパターンで出てくるので、メリハリがなく、記憶に残りにくいと説明されています。

この**新聞や教科書などの紙に文字が書かれたものの長所**のことを、12段落で「一覧性」と呼《よ》んでいることもおさえておきましょう。

❷

13 ネットは順番に流して見ていくことしかできませんから、新聞のような一覧性《いちらんせい》はないわけです。

14 もちろんネットにも良い点はあります。記事を検索《けんさく》することにかけてはネットの右に出るものはありません。過去《かこ》の記事の検索はネットなら一発でできます。関連する記事をまとめて読むこともできます。

15 これが新聞だと、図書館まで行って、いちいち他の新聞を調べたり、過去の縮刷版《しゅくさつばん》を広げなければいけません。その手間たるや、考えただけで気が遠くなります。ネットがない時代は、一日中、図書館にこもってそんなこともしていたわけです。

16 そう考えるとネットの便利さははかりしれません。でもだからといって、ネットだけで事足りるわけではないと私《わたし》は思います。

17 印刷された新聞ならではの良さがある。それを忘《わす》れてはいけないと私は思います。

（齋藤孝《さいとうたかし》『新聞力　できる人はこう読んでいる』による）

新傾向

問　――線部「ネットにメリットがあるように、新聞にもメリットがある」とあるように、本文は「新聞」と「ネット」を比《くら》べて書かれています。この二つの違《ちが》いをまとめた次の表について、あとの問いに答えなさい。

新聞	ネット
見出しの位置や大きさ、記事の場所や形がさまざま	全部が横書きの同じパターンで出てくる
（たとえるなら） いろいろな形の家がさまざまなレイアウトで存在《そんざい》するような街なみ	（たとえるなら） 同じ形の家がずっと続いていくような整理された街なみ

ナビ❷

14・15段落《だんらく》では、それまでの内容とは逆《ぎゃく》に、「インターネットのメリット」が説明されています。

しかし、最後の16・17段落では、やはり「印刷された新聞ならではの良さ」を強調しています。

筆者がインターネットのすぐれている点も認《みと》めつつ、再《ふたた》び新聞のメリットを読者に強調しているということをふまえて、文章の構成《こうせい》をおさえましょう。

［Ⅰ 十一字］が多い	メリハリがなく、記憶《きおく》に残りにくい
［Ⅱ 二十三字］がある	順番に一つずつしか見ていけない
図書館で複数《ふくすう》の新聞を広げなければならない	過去の記事の検索が容易《ようい》である
X	Y

(1) 表の［Ⅰ］・［Ⅱ］にあてはまることばを文章中からそれぞれぬき出しなさい。

Ⅰ

Ⅱ

(2) 表のX・Yには、表にまとめた内容《ないよう》をふまえた「それぞれを使用するのに適《てき》した状況《じょうきょう》」の具体例を入れる予定である。このとき、Xにあてはまるものは、次の【例①】と【例②】のどちらか、番号で答えなさい。

【例①】投票の前に、選挙の立候補《りっこうほ》者の公約をざっと見て比較《ひかく》し、頭に入れておきたい。

【例②】調べ学習のために、テーマに関わる記事を三十年ほど前までさかのぼって集めたい。

［　］

解答ナビゲーション

ナビ 問(1)

［Ⅰ］・［Ⅱ］には、ともに「新聞記事」の特徴《とくちょう》が入ります。

［Ⅰ］は、ネットの**「メリハリがなく、記憶に残りにくい」**という特徴と対応しています。そして、［Ⅱ］は、ネットの**「順番に一つずつしか見ていけない」**という特徴と対応《たいおう》しています。

文章の中で、「新聞」「インターネット」の特徴について説明している部分を確定《かくてい》したうえで、表中の［Ⅰ］・［Ⅱ］にあてはまるものを探《さが》していくとよいでしょう。

ナビ 問(2)

表の右端《みぎはし》の項目名《こうもくめい》から、Xには「新聞」、Yには「インターネット」の特徴があてはまると判断《はんだん》できます。

両者の特徴のちがいを確認《かくにん》して、Xに【例①】【例②】のどちらがあてはまるかを判断しましょう。

ナビゲーションつき練習問題②

解答 別冊20ページ

次の文章を読んで、あとの問いに答えなさい。

（東京・巣鴨中）

①

1 水の中で泳げないはずのコオロギやカマキリ、カマドウマが川に飛び込《こ》んでいく様は、まるで入水自殺《じゅすいじさつ》です。水に飛び込んだこれらの虫は溺《おぼ》れ死ぬか、魚に食べられるかしか道はありません。それにもかかわらず、なぜ彼《かれ》らは水に飛び込んでしまうのでしょうか。

2 これらの入水自殺する昆虫《こんちゅう》たちの体内には、宿主の行動を操《あやつ》る寄生者《きせいしゃ》が存在《そんざい》しています。それは「ハリガネムシ」という生物です。「ムシ」という名前はついていますが、昆虫ではなく、非常《ひじょう》に単純《たんじゅん》な形態《けいたい》をした動物で、脚《あし》などの突起物《とっきぶつ》はなく、目さえもなく、成体は1本の線でしかありません。まさに黒っぽい針金《はりがね》のような形状《けいじょう》をした生物です。（中略《ちゅうりゃく》）

3 ハリガネムシが宿主昆虫を水に向かわせることは、かなり昔からわかっていました。しかし、どんな方法で宿主の行動を操っているのかは謎《なぞ》でした。いまだにそのほとんどは謎ですが、2002年にフランスの研究チームがその方法の一部を明らかにすることに成功しました。

4 ★その研究ではY字で分岐《ぶんき》する道を作り、出口に水を置いてある道と、出口に水がない道の枝《えだ》分かれを作っておきます。その道をハリガネムシに寄生されたコオロギと、寄生されていないコオロギを歩かせます。

5 そうすると、寄生されているコオロギも、寄生されていないコオロギ

読解ナビゲーション

ナビ①

理科的な説明文は、おもに

疑問《ぎもん》（問題提起《ていき》）
仮説《かせつ》
実験・調査《ちょうさ》
実験・調査により明らかになったこと
←
結論《けつろん》（疑問に対する答え）

などの流れの組み合わせで進んでいきます。読み進めながら、疑問から結論に至《いた》る中のどの部分を読んでいるのかを意識《いしき》するとよいでしょう。

1～3段落《だんらく》では、どうやって「ハリガネムシ」は、宿主である昆虫を水に飛び込ませるのかという疑問が示《しめ》されています。

そして4段落以降《いこう》では、この疑問を解《と》き明かすための実験・調査が解説《かいせつ》されています。

②

も、水のある方にもない方にも半々に行きます。つまり、寄生されているからといって水に向かう性質《せいしつ》があるわけではないのです。

6 しかし、たまたま水がある出口に出てきたところで行動が変化します。寄生されていないコオロギは水がある出口に出たとしても泳げないため、飛び込んだりはせず、ここで止まります。しかし、ハリガネムシに寄生されているコオロギは、水を見るや否《いな》やほぼ100パーセント水に飛び込んでしまいます。

7 この結果を見た研究者たちは、出口に置かれた水のキラキラした反射《はんしゃ》にコオロギが反応《はんのう》しているのではないかと予測《よそく》します。そこで、次に、水は置かずに、単純に光に反応するかという実験もおこなっています。その結果、寄生されたコオロギはその光に反応する行動が見られました。★

③

8 また、2005年に同じ研究チームはコオロギの脳《のう》で発現《はつげん》しているタンパク質を調べています。ハリガネムシに寄生されている個体《こたい》、寄生されていない個体、寄生されているけれどもまだ行動操作《そうさ》を受けていない個体、寄生されておしりからハリガネムシを出した後の個体などの脳内のタンパク質を比較《ひかく》しました。

9 その結果、まさにハリガネムシから行動操作を受けているコオロギの脳内でだけ、特別に発現しているタンパク質がいくつか見つかりました。それらのタンパク質は、神経《しんけい》の異常《いじょう》発達、場所認識《にんしき》、光応答《ひかりおうとう》にかかわる行動などに関係するタンパク質と似《に》ていました。

10 さらに、それらの寄生されたコオロギの脳内にはハリガネムシが作ったと思われるタンパク質まで含《ふく》まれていたのです。お腹《なか》の中にいる寄生者が脳内の物質まで作り出し、操っていたという驚《おどろ》きの結果です。

ナビ②

4～7段落では、ハリガネムシに**寄生されたコオロギの行動**についての、**二つの実験**が説明されています。

- 4段落
  …一つ目の実験の設定《せってい》
- 5・6段落
  …一つ目の実験結果
- 7段落
  …一つ目の実験結果からの予測と二つ目の実験

という流れであることをおさえましょう。

ナビ③

8～10段落では、**コオロギの脳で発現しているタンパク質**についての**調査結果**が述《の》べられています。

- 8段落
  …調査の方法
- 9・10段落
  …調査結果

という流れであることをおさえましょう。

4

新傾向

11 これらの研究から、ハリガネムシは寄生《きせい》したコオロギの神経《しんけい》発達を混《こん》乱《らん》させ、光への反応《はんのう》を異常《いじょう》にし、キラキラとした水辺に近づいたら飛び込《こ》むように操《あやつ》っているのではないかと考えられています。

（成田聡子《なりたさとこ》『えげつない！　寄生生物』による）

問 次の表は、★から★までの文章で説明される実験にもとづいて、ハリガネムシに寄生されたコオロギ10匹《びき》と寄生されていないコオロギ10匹を用意した場合に予測《よそく》できるであろう結果をまとめたものです。これについて、あとの問いに答えなさい。

寄生されたコオロギ(10匹)		寄生されていないコオロギ(10匹)	
出口に水がある道に進む　A匹	出口に水がない道に進む　B匹	出口に水がある道に進む　C匹	出口に水がない道に進む　D匹
水に飛び込む　E匹		水に飛び込む　F匹	

解答ナビゲーション

ナビ 4

11段落《だんらく》では、これまでの実験・調査《ちょうさ》をふまえて、1～3段落で示《しめ》した疑問《ぎもん》に対する結論《けつろん》(答え)を述《の》べています。

全体の流れをおさえ、この文章の結論を読み取りましょう。

ナビ 問(1)

「★から★までの文章」とは、4～7段落のことです。

4～7段落では、ハリガネムシに「寄生されたコオロギの行動」についての二つの実験結果が説明されています。

これらの実験結果をふまえて、「ハリガネムシに寄生されたコオロギ10匹と寄生されていないコオロギ10匹」で再実験《さいじっけん》した場合、どういう結果が出るかを考える必要があります。

文章中の数値《すうち》や割合《わりあい》を表すことばを○で囲《かこ》むなどして場合分けを行い、A～Fにあてはまる結果を考えましょう。

(1) 予測できるであろう結果にふさわしくなるように、A～Fにあてはまる、0・5・10のいずれかの数字を答えなさい。

A〔　　〕 B〔　　〕
C〔　　〕 D〔　　〕
E〔　　〕 F〔　　〕

(2) A～Dの結果から、どういうことがわかりますか。その答えとなる一文を文章中から探《さが》し、初めの五字をぬき出して答えなさい。

(3) E・Fの結果から、寄生されたコオロギについて、どういう仮説《かせつ》が立てられますか。「という仮説」につながることばを文章中から三十五字以内で探し、ぬき出して答えなさい。

ナビ 問(2)

A～Dの結果とは、4～6段落までで行われた、**一つ目の実験の途中《とちゅう》までのコオロギの行動**をもとにした結果です。

つまり、**一つ目の実験の途中までのコオロギの行動**からわかることは何かを問われているのです。

ナビ 問(3)

E・Fの結果とは、4～6段落までで行われた**一つ目の実験**をもとにした結果です。

一つ目の実験から立てられる仮説を、文章中から探しましょう。

ナビゲーションつき練習問題③

次の文章を読んで、あとの問いに答えなさい。（設問《せつもん》の都合上、省略《しょうりゃく》した箇所《かしょ》があります。）

（神奈川・横浜共立学園中）

①

1 東南アジア熱帯域《いき》を中心に分布《ぶんぷ》するオオバギ属《ぞく》の植物には、「アリ植物」とよばれるグループが含《ふく》まれます。オオバギ属のアリ植物は、特定のアリ種に食物と巣場所を提供《ていきょう》して共生関係を結び、その特殊《とくしゅ》なアリ種にパトロールをゆだねて、植食性昆虫《しょくしょくせいこんちゅう》やツル植物などから自身を守ってもらっています。このように、アリと植物の両方に益《えき》のある共生関係をもち、植物を守るように進化したアリ種を「植物アリ」とよびます。

2 オオバギの近縁種《きんえんしゅ》数種は、その分布域が同所的であるにもかかわらず、それぞれのオオバギに特殊化した「植物アリ」のみと共生関係をもっていることが、オオバギ成木を対象とした調査《ちょうさ》によってわかっています。同所的に生息するオオバギのアリ植物は、どの種であっても、茎《くき》を空洞《くうどう》にして植物アリに巣場所を提供していますし、「栄養体」とよばれるアリの食物も生産しています。

②

3 同じような特徴《とくちょう》をもつアリ植物が、同じ環境《かんきょう》に複数《ふくすう》種生息しているにもかかわらず、なぜ、アリ種が混《ま》ざることなく、パートナーのアリ種のみと共生関係を維持《いじ》できるのでしょうか？

4 植物アリとオオバギの間で、種の組み合わせが決まっていることを、

読解ナビゲーション

解答 別冊21ページ

ナビ①

1・2段落《だんらく》では、

- オオバギ属のアリ植物
- オオバギ属のアリ植物と共生する植物アリ

について説明されています。

これらは、あとの内容《ないよう》の前提《ぜんてい》知識《ちしき》になるので、しっかりとおさえましょう。

ナビ②

3段落では、1・2段落の事実に基《もと》づく疑問《ぎもん》が示《しめ》されています。

この疑問をふまえて、あとの内容を読んでいきましょう。

③

「種特異性《とくいせい》」とよぶことにします。（中略《ちゅうりゃく》）

5 栽培《さいばい》した※実生を使って、野外で採集《さいしゅう》した植物アリの新女王アリが、どのオオバギ種の実生を選ぶか実験しました。その結果、成木でみられる本来のパートナー種の実生により多く定着することがわかりました。また、新女王アリが触角《しょっかく》を使って実生表面を何度もふれて、植物の表面の物質《ぶっしつ》を確認《かくにん》する行動が確認できました。この実験によって、新女王アリが、植物表面の物質を手がかりにして、パートナー種の実生に定着していることが明らかになりました。

6 この時、私《わたし》は、ある二種のオオバギ種の間では、栽培実験と野外とは異《こと》なる結果になることに気がつきました。野外では、オオバギA種にはアリA種が、オオバギB種にはアリB種が定着していたのですが、栽培実験では、オオバギA種にアリB種、オオバギB種にアリA種が定着してしまうことがよくあったのです。

④

7 この実験をくり返し行った結果、どちらの新女王アリも、二種のオオバギ種のどちらにも定着してしまうと考えるしかない結果となりました。野外の成木では、間違《まちが》った相手に定着していることはありません。なぜ栽培実験と野外調査の結果が異なるのでしょうか？

8 じつは、このオオバギ種のうちの一種は、明るい環境に生息し、もう一種は比較的《ひかくてき》暗い環境に生息しているのです。つまり、野外では同所的に生息していないオオバギなのです。このことから、おそらく、この新女王アリは、植物の表面の物質だけでなく、野外の光などの条件《じょうけん》をも参考にして、共生相手を選択《せんたく》しているのだと考えられました。

（村瀬香《むらせかおり》「相思相愛？　アリと植物のコミュニケーション」『博士《はかせ》の愛したジミな昆虫《こんちゅう》』所収《しょしゅう》による）

ナビ ③

5・6段落では、3段落の疑問の答えをさぐるための実験について書かれています。

● 5段落

…栽培した実生を使った、野外で採集した植物アリの新女王アリが、どのオオバギ種の実生を選ぶかの実験と、その実験結果

● 6段落

…実験で筆者が気づいたこと

この二つの内容を、整理してしっかりとおさえましょう。

ナビ ④

7段落では、5・6段落で行った実験によって生まれた新たな疑問が示されています。

そして8段落では、それに対する答えになると考えられる事実について述《の》べています。

段落ごとの内容をおさえ、つながりを理解《りかい》することで、文章全体の内容が読み取りやすくなります。

〈語注〉

＊実生　ここでは、オオバギ種の植物の子どものこと。

新傾向

問　――線部「実験しました」とありますが、この実験と、野外調査《やがいちょうさ》から考えたことを次のような表にまとめました。表の Ⅰ ～ Ⅲ にあてはまることばを文章中から探《さが》し、それぞれ五～八字でぬき出しなさい。また、 A ・ B にあてはまるものをそれぞれあとのア～オの中から選び、記号で答えなさい。

研究のテーマ	A
今回の実験の目的	Ⅰ がどの Ⅱ を選ぶか知る。
実験の方法	さまざまな Ⅱ を集めて栽培《さいばい》し、 Ⅰ がどの Ⅱ を選ぶかを観察する。
実験の結果	・野外の成木と同じように、本来のパートナー種により多く定着した。 ・ Ⅰ が触覚《しょっかく》を使って実生表面にふれ、植物の表面の物質《ぶっしつ》を確認《かくにん》する行動が見られた。
野外調査と比《くら》べてわかったこと	B
考えたこと	野外では Ⅲ も参考にして共生相手を選択《せんたく》しているのだろう。

解答ナビゲーション

ナビ　問

この問題で示《しめ》されている表は、3段落《だんらく》の疑問《ぎもん》を調べるために行われた**実験の結果**をまとめたものです。実験のようすと結果は、5～8段落に書かれています。

表の項目名《こうもくめい》により、 Ⅰ ・ Ⅱ には、おもに実験の方法・目的に関連することが、 Ⅲ には、実験結果と野外調査と比べてわかったことから考えられることがあてはまると考えられます。

また、 A は、今回の実験を行うもととなった、筆者の研究のテーマ(＝この文章全体で示されている疑問)が、 B は、実験結果と野外調査を比べてわかったことがあてはまると考えられます。

文章中から、それぞれの情報《じょうほう》が読み取れる部分を探して考えましょう。

A

ア 昆虫《こんちゅう》の知覚がどのように働くのかを解明《かいめい》すること。

イ 熱帯における生物《せいぶつ》多《た》様性《ようせい》の謎《なぞ》すべてを解明すること。

ウ 種特異《とくい》性《せい》がどのように保《たも》たれるのかを解明すること。

エ 共生関係がいつから始まるのかを解明すること。

オ 熱帯以外での同所性の謎を解明すること。

B

ア 野外ではオオバギA種にアリA種が定着したが、栽培実験では野外の結果に加え、オオバギA種にアリB種も定着した。

イ 野外ではオオバギA種にアリB種が定着したが、栽培実験では野外の結果に加え、オオバギA種にアリA種も定着した。

ウ 野外ではオオバギB種にアリA種が定着したが、栽培実験では野外の結果に加え、オオバギA種にアリB種も定着した。

エ 野外ではすべてのパターンで定着したが、栽培実験ではすべてのパターンで定着しなかった。

オ 野外ではすべてのパターンで定着し、栽培実験でもすべてのパターンで定着した。

Ⅰ

Ⅱ

Ⅲ

A [　　]

B [　　]

ナビゲーションつき練習問題④

次の文章を読んで、あとの問いに答えなさい。（設問《せつもん》の都合上、省略《しょうりゃく》した箇所《かしょ》があります。）

（神奈川・森村学園中等部）

1 環境《かんきょう》問題をあまり単純化《たんじゅんか》して考えるのは危険《きけん》である。実際《じっさい》の自然環境や社会の仕組みは複雑《ふくざつ》で、何がどこに影響《えいきょう》を与《あた》えるか一概《いちがい》には言えない。一つの行為《こうい》には多岐《たき》にわたる背景《はいけい》と複雑な関係が潜《ひそ》んでいる。（中略《ちゅうりゃく》）

2 何がどこに関わっているか、十分に解明《かいめい》できないケースも少なくない。それを単純化した発想で行動を起こしても、望んでいたような結果を生むとは限《かぎ》らない。

3 実際に、環境によかれと思って行った行為が、思いもかけぬ結果につながったことも少なくない。

4 A たとえば害虫を殺《ころ》そうと殺虫剤《さっちゅうざい》を撒《ま》いたら、害虫の天敵《てんてき》も殺してしまうことが多い。また害虫が、薬剤への※耐性《たいせい》を身につけて薬が効《き》かなくなることも起こっている。そうなると、殺虫剤を撒けば撒くほど害虫が大発生するという事態《じたい》になりかねない。

5 B ある特定の植物、あるいは動物を保護《ほご》したことで、そのほかの動植物が圧迫《あっぱく》される事例も少なくない。荒《あ》れ地を緑化しようと、生長の早い草や木を外部から持ち込《こ》んで植えた場合、在来《ざいらい》の植物を圧迫する可能《かのう》性《せい》がある。これまでなかった植物が繁茂《はんも》することで、生息する昆虫《こんちゅう》も変

読解ナビゲーション

解答 別冊23ページ

ナビ①

1～3段落《だんらく》では、「環境問題をあまり単純化して考えるのは危険」という問題提起《ていき》がされています。これをふまえ、あとの内容《ないよう》をおさえましょう。

ナビ②

4段落以降《いこう》では、環境問題を「単純化して考えた結果起こる問題の具体例が、段落ごとに述《の》べられています。

● 4段落

各問題の発端《ほったん》は、

…害虫を駆除しようとして殺虫剤を撒いた

②

わるだろう。そして悪影響を広げてしまうこともあるのだ。

6　C　シカを保護しようとオオカミを駆除《くじょ》したら、増《ふ》えたシカは草を食べ尽《つ》くして、飢《う》えて大量死したケースもアメリカで起きた。

7　D　リサイクル活動も、十分に考えたうえで行わないと逆効果《ぎゃくこうか》になる。たとえば再生紙《さいせいし》を作るには、紙を繊維《せんい》にもどすために莫大《ばくだい》なエネルギーを消費《しょうひ》するとともに、漂白《ひょうはく》のための薬品類も必要とする。その排水《はいすい》の処《しょ》理《り》にも、馬鹿にならないコストがかかる。リサイクルすることによって資源《しげん》の無駄遣《むだづか》いを抑《おさ》え環境を改善《かいぜん》しようという思いとは別に、往々《おうおう》にして、その過程《かてい》で多くの環境負荷《ふか》を生じるのである。

8　食品の添加物《てんかぶつ》は危険、農薬は危険、といった指摘《してき》も、添加物を使わないことで品質《ひんしつ》の劣化《れっか》が早く進んだり、無農薬だと虫の食害のため人々の口に入る前に破棄《はき》する食物が増える可能性の方が高い。逆《ぎゃく》に特定の食物の機能性《きのうせい》に注目が集まりがちだが、それが極端《きょくたん》になると、これさえ食べていれば癌《がん》が治るとか、ダイエットできる……という話になる。こうした短絡《たんらく》思想は、結局何ももたらさないだろう。

③

9　結局、どんな行為でも、そこには必ず利益《りえき》と不利益が生じる。片方《かたほう》だけを取り上げるのではなく、両者を比《くら》べて、どちらが総体《そうたい》として有利か十分に検討《けんとう》する必要がある。そんな大きな視点《してん》を持って判断《はんだん》しなければ、環境問題は理解できない。森林と人間社会の関係もその中には含《ふく》まれる。

（田中淳夫《たなかあつお》『割《わ》り箸《ばし》はもったいない？　食卓《しょくたく》からみた森林問題』による）

〈語注〉

＊耐性　一定の薬物に対して示《しめ》す抵抗力《ていこうりょく》。

ナビ ③

● 5段落

…ある特定の植物・動物を保護した

● 6段落

…シカを保護しようとしてオオカミを駆除した

● 7段落

…リサイクル活動をした

● 8段落

…食品添加物や農薬を使わないようにする

という、すべて一見よいことのように思えることばかりです。

しかしながら、これらによって、それぞれ「思いもかけぬ結果」が発生しています。

この発端と結果を、頭の中で整理しながら、段落ごとに読み取っていきましょう。

9段落は、これまでで述べてきた内容のまとめになります。

筆者がこの文章を通して、どのようなことを伝えようとしているのかを読み取りましょう。

新傾向

問 ——線部「実際《じっさい》に、環境《かんきょう》によかれと思って行った行為《こうい》が、思いもかけぬ結果につながったことも少なくない」とありますが、次の表は、文章中のA～Dの四つの【事例】について、「よかれと思って行った行為」【意図】【行為】、「思いもかけぬ結果」【結果】と、なぜそのような結果を招《まね》いてしまったのか【要因《よういん》】をまとめたものです。

	【事例】	【意図】	【行為】	【結果】	【要因】
A	害虫と殺虫剤《さっちゅうざい》	害虫を殺《ころ》そう。	殺虫剤をまく。	天敵《てんてき》まで殺してしまい、害虫が大発生する。	殺虫剤が害虫だけに効《き》くと早合点していたから。
B	荒《あ》れ地の緑化	荒れ地を緑化しよう。	生長の早い草や木を外部から持ち込《こ》んで植える。	生息する動植物が変わってしまい、環境に悪影響《あくえいきょう》を与《あた》える。	生態系《せいたいけい》のバランスを考えずに、植物の種類が変わっても環境が変化しないと誤解《ごかい》していたから。
C	シカとオオカミ	シカを保《ほ》護《ご》しよう。	オオカミを駆《く》除《じょ》する。	増《ふ》えたシカが草を食べ尽《つ》くして、飢《う》えて大量死する。	Ⅰ
D	再生紙《さいせいし》	Ⅱ	再生紙を作る。	莫大《ばくだい》なエネルギーを消費《しょうひ》するなど、かえって資源《しげん》を無《む》駄遣《だづか》いする。	リサイクルされるもの以外に資源の無駄遣いが生じることを忘《わす》れていたから。

(1) Ⅰ・Ⅱにあてはまる文を、自分で考えて書きなさい。

Ⅰ

解答ナビゲーション

ナビ 問(1)

問題の表は、文章中のA～Dの事例、つまり、4～7段落《だんらく》の事例をまとめたものです。

- 4～7段落の内容《ないよう》を、この表の項目《こうもく》と同じく、【事例】【意図】【行為】【結果】【要因】に分けてとらえ、Ⅰ・Ⅱにあてはまる内容を考えましょう。
- Ⅰ…C（＝6段落）の事例の【要因】
- Ⅱ…D（＝7段落）の事例の【意図】

対応《たいおう》する文章の内容をふまえ、同じ項目の他の事例と表現《ひょうげん》を合わせて書くとよいでしょう。

Ⅱ

(2) A～Dの事例と同じような出来事が、かつて中国で起こっています。農作物を守るために、農作物を食い荒らすスズメを大量に駆除したところ、逆《ぎゃく》に農作物の収穫《しゅうかく》が大幅《おおはば》に減《へ》ってしまったのです。なぜ、そのような結果になってしまったのでしょうか。この表を参考にしながら、考察できることを述《の》べなさい。

(3) これらのような「思いもかけぬ結果」を招かないようにするには、環境問題に対してどのような姿勢《しせい》で向き合うべきだと筆者は考えていますか。文章中のことばを用いて、五十字以上六十字以内で答えなさい。

ナビ 問(2)

設問《せつもん》では、中国のスズメ駆除の例は、「A～Dの事例と同じような出来事」だと述べられています。

A～D（4～7段落）の事例は、環境問題を「単《たん》純化《じゅんか》して考え」た結果、起こった問題の**具体例**です。

つまりこの中国のスズメの駆除から発生した結果も、**環境問題を「単純化して考え」たために起こったこと**だと考えられます。

これをふまえて、表の内容を参考にしながら、**スズメを大量に駆除した結果、「農作物の収穫が大量に減っ」た理由**を考えてみましょう。

ナビ 問(3)

筆者は、4段落以降《いこう》の事例についての自分の考えを、**9段落**で述べています。

ここを参考に、筆者が考える、環境問題への対応で「思いもかけぬ結果」を招かないようにするために必要な姿勢をまとめましょう。

入試問題にチャレンジ

制限時間 20分

解答 別冊25ページ

次の文章を読み、あとの問いに答えなさい。（設問《せつもん》の都合上、一部表記を改めた箇所《かしょ》があります）

（埼玉・浦和明の星女子中）

水を感じさせるために水を省いた枯山水《かれさんすい》は、日本人の持つ「引き算の美学」を端的《たんてき》に表している。

俳句や盆栽《ぼんさい》でもそうだ。ぼくたちはたった十七字というささやかな文字列の向うに広大な風景を思い描《えが》き、小さな鉢《はち》と草木から時間の移《うつ》ろいや、そこに吹《ふ》く風、いつか見た自然の光景すら想起する。

何かを表現《ひょうげん》する際《さい》に、それをそっくりそのまま表すのではなく、余計《よけい》な情報《じょうほう》をあえて省略《しょうりゃく》することで、かえって脳内《のうない》のイメージを補《ほ》完《かん》しやすくする、ということができるのだ。

落語もまた、そんな「引き算の美学」に満ちている。

ご存《ぞん》じのとおり、一般的《いっぱんてき》に落語は、和服姿《すがた》の落語家が座布団《ざぶとん》の上に正座をした状態《じょうたい》で演《えん》じられる。舞台《ぶたい》の上にはちょっとした屏風《びょうぶ》があるくらいで、大掛《おおが》かりな舞台セットの類は置かれない。そのため、かえって場所は制限《せいげん》されなくなり、自在《じざい》な場面転換《てんかん》が可能《かのう》となる。

落語家の背後《はいご》に立てられた屏風は、見映《みば》えもさることながら、疑《ぎ》似《じ》スクリーンのようにお客さまに風景を想像《そうぞう》しやすくさせる働きもあるのだろう。

また、和服姿で演じることは衣装《いしょう》の省略にほかならない。役柄《やくがら》に即《そく》した特定の衣装を使用しないことで、さまざまな役柄を違和感《いわかん》なく演じわけることができるようになるのだ。

舞台セットや衣装の省略に比《くら》べると気づきにくいけど、じつは落語という表現方法は、とても大きな要素《ようそ》を省略している。

正座姿で演じることによって生じる「下半身の省略」である。

落語家は正座することによって、舞台上で全力疾走《しっそう》を表現《ひょうげん》することができる。

立っている状態《じょうたい》で全力疾走するとしたら、ある程度《ていど》の距離《きょり》が必要だろう。また、全力疾走すると、すぐに舞台袖《そで》へと到達《とうたつ》してしまう。もちろんその場の足踏《あしぶ》みで表現することもできなくはないが、違和感は残るだろう。

それが、落語の場合は、正座した状態《じょうたい》で腕《うで》を振《ふ》ったり体を揺《ゆ》らすことですんなり全力疾走を表現することができるのだ。お客さまのほうで省略された下半身を補完して、速く走っているように思い描いてくれるからである。

落語という手法を用いれば、百メートルを九秒台で走ることもたやすいし、さらには、現実にはありえないような超《ちょう》高速で走ることだって可能だ。

また、下半身を省略することで空を飛んだり、宙《ちゅう》づり状態であったりという、空中での表現もしやすくなる。とくに空中での表現は舞台に足が着いていると表現しにくいものであるけど、下半身を省略した落語であれば、地面から足の浮《う》いているイメージがお客さまの頭のなかでもスムーズに補完されやすくなる。

さらに落語では、登場人物が自在に座ったり立ったりを繰《く》り返すことがよくある。これも、立ちながらでは座っている状態を表現するのは難《むずか》しいが、その逆《ぎゃく》、つまり、座りながら立っている状態を表現するのは、さほど難しいことではない。

こう考えてみると、「正座」は、落語にとってとても重要なものである気がしてくる。

下半身を省略することは、漫才《まんざい》やコント、演劇《えんげき》などほかの表現方法ではほとんど見られないものであるからだ。

であれば、「現代が舞台の新作落語」を表現する際にたまに用いられる、「スーツ姿でイスに座って話す」というスタイルは、そもそもの落語とは似《に》て非なるものだということが理解《りかい》できるだろう。

現代人にとって身近で、かつ最低限《さいていげん》の正装《せいそう》でもあり、さらに特定の意味合いを持たせず無機質《むきしつ》なニュアンスも含《ふく》んだスーツ姿というのは、ある意味で落語における着物姿と同じ役割《やくわり》を担《にな》えそうではあるけど、スーツ姿と相性《あいしょう》のいいイスについては、下半身を固定するといっても、正座ほどの「下半身の省略」効果《こうか》は得《え》られないからだ。

そう考えると、違和感なく正座することができ、なおかつフォーマルさも兼《か》ね備《そな》えた着物姿は、落語にとっての必要条件《じょうけん》なのかもしれない。（中略《ちゅうりゃく》）

落語の一番の武器《ぶき》は「何にもないから何でもある」ことだ。

そもそも日常《にちじょう》ではありえない不条理《ふじょうり》な空間を描いた笑いが好きなぼくが落語に魅《ひ》かれた理由も、この点につきる。

そこで、この特性について、さらにもう一歩踏《ふ》み込《こ》んで考えてみたいと思う。「何にもないから何でもある」ことで、どういう表現が可能になるだろうか。

まず、思いつくのは空想の具現化だ。

第一章でも書いたように、落語では、いとも簡単《かんたん》に赤鬼《あかおに》を生み出すことができる。

「おい、見てみろよ。赤鬼さんだ」

「ほんとだ」

落語家がしゃべり、それを聞いた観客がそれぞれの頭のなかに赤鬼を描いた瞬間《しゅんかん》、そこにはたちまち赤鬼が出現する。

ありとあらゆる空想上のモノや状況《じょうきょう》を、落語を使えば簡単に具現化できるのだ。

「あっ、UFOだ」と言えば、そこにはUFOが出現する。

「UFOが首都高を走ってるの、初めて見たよ」と言えば、空を飛ばずに地面を走っているタイプのUFOを出現させることだってできる。

もちろん、演者の力量や対象《たいしょう》の種類、観客それぞれの想像力などによってどれだけくっきり具現化《ぐげんか》させられるかの差はあるけれど、人魚も＊ケンタウロスも、鼻の穴《あな》が三つある人間も、往年《おうねん》の＊福本豊《ふくもとゆたか》も、とにかくありとあらゆるものを具現化することができるのだ。

とはいえ、落語では具現化しにくいものもある。

どんなものなら具現化させやすく、逆《ぎゃく》にどんなものなら具現化させにくいかについては、落語以外の表現《ひょうげん》方法を参照することで自ずと浮《う》かび上がってくる。

たとえば漫画《まんが》と比《くら》べてみたらどうだろう。日常《にちじょう》にはありえない不《ふ》条理《じょうり》な空間を描《えが》くにあたって、漫画もまた、とても優《すぐ》れた表現方法の一つである。

ぼくは（中略《ちゅうりゃく》）ギャグ漫画が昔から大好きで、ネタづくりにも影響《えいきょう》を受けてきたのだけど、ギャグ漫画を読んでいると、落語では表現できそうにないものがたまに出てくるのだ。

それは、「得体《えたい》の知れないもの」である。

落語では、具現化したいものについて落語家がしゃべり、その言葉を頼《たよ》りに観客が頭のなかでそれを映像化《えいぞうか》することにより、さまざまなものが浮かび上がってくる。一方で、漫画は、漫画家が具現化したいものを絵として描く。読者はそれをただ眺《なが》めるだけでよい。

つまり漫画では漫画家が描くだけでいいのだが、落語では、落語家と観客が共通言語を有していないと空想が具現化されることはない。どういうものなのか？　どういう状況《じょうきょう》なのか？　そういったことが想像できるものでないかぎり、頭のなかで映像を浮かび上がらせることはできないのだ。

だから、「得体の知れないもの」を落語で表現するのは難《むずか》しい。

落語でも、具現化したい得体の知れないものを、既知《きち》のものの組み合わせに分解《ぶんかい》することで何とかイメージを伝えることもできなくはないが、絵にすることで一発で具現化できる漫画に比べると、どうしても分が悪い。たとえば大喜利《おおぎり》の手法でよくある、「誕生日《たんじょうび》プレゼントにこんなものを渡《わた》すなんて。さて、どんなもの？」というようなお題の解答として、得体の知れないものを描いて「こんなもの」と答えるようなボケは、落語ではやりにくいのだ。

（立川吉笑《たてかわきっしょう》『現在落語論《ろん》』による）

〈語注〉

＊**ケンタウロス**　ギリシャ神話の怪物《かいぶつ》。

＊**福本豊**　元プロ野球選手。

問 ——線部「落語もまた、そんな『引き算の美学』に満ちている」とありますが、次の表は「落語」における「引き算の美学」についてまとめたものです。[Ⅰ]〜[Ⅵ]にあてはまることばとして最も適切《てきせつ》なことばを、文章冒頭《ぼうとう》〜「落語家がしゃべり、」で始まる段落《だんらく》までの中から、それぞれ指定された字数でぬき出しなさい。

	引き算の仕方	引き算による効果《こうか》
舞台装置《ぶたいそうち》	大掛《おおが》かりな舞台セットを置かない。	[Ⅰ 二字]の制限《せいげん》がなくなり、[Ⅱ 七字]が可能《かのう》となる。
衣装《いしょう》	常《つね》に[Ⅲ 二字]を着用し、他の衣装は着ない。	[Ⅳ 十八字]ことができる。
落語家の体勢《たいせい》	[Ⅴ 二字]の状態《じょうたい》で演《えん》じることで[Ⅵ 三字]を省略《しょうりゃく》する。	さまざまな場面や動作を自由に表現できる。

Ⅰ

Ⅱ

Ⅲ

Ⅳ

Ⅴ

Ⅵ

ヒント

●この文章の話題の中心は、**落語の表現方法**です。筆者が述《の》べる落語の表現の特徴《とくちょう》をひとつずつ整理して、落語の表現の**長所**や**欠点**をとらえてから、問題に取り組むようにしましょう。

●わかりにくい特徴の説明があれば、落語家の人が舞台に座《すわ》って話をしている場面などの**具体的なイメージ**を作りながら、文章を読み進めるとよいでしょう。

4 自由記述の問題

解答 別冊26ページ

入試傾向

テーマや課題をふまえ、自分の答えを書く問題です。与《あた》えられた条件《じょうけん》を守りながら、設問《せつもん》で求められている答えを、論理的《ろんりてき》に表現《ひょうげん》する力などが問われます。

ステップ1 テーマ・課題をおさえる

自由記述《きじゅつ》は、設問で**テーマや課題**が設定されています。まず、**何について書けばよいかをおさえましょう。**

ステップ2 条件をおさえる

自由記述では、**条件**が指定されることがあります。**必ずはじめに条件を確認《かくにん》し、**それにしたがって書きましょう。

ステップ3 基本的に三段階構成で書く

自由記述では、テーマや課題に対する**自分の意見・立場**や、**自分で考えた答え**を書くことが求められます。

条件で特に指定がない場合には、次のような三段階構成にすると、書きやすく、また、読んでいる人に伝わりやすくなります。

例題

次の各問いに答えなさい。

問1 あなたが一番好きな季節は、春夏秋冬の中のいつですか。その季節が好きな具体的な理由とともに、あなたの意見を六十字以内で書きなさい。

60

問2 **次の文章を読んで、あとの問いに答えなさい。**

私《わたし》は、あいさつをするのが好きだ。たとえば朝、あいさつをするために声を出すと、まだ半分眠《ねむ》っていた体が完全に目覚めて、とてもすがすがしい気分になる。あいさつには、元気がわいてくる効果《こうか》があるのだ。

――線部「あいさつには、元気がわいてくる効果がある」とありますが、あなたはあいさつにはどのような効果があると思いますか。自分の体験や見聞きしたことを交えて、八十字以上一〇〇字以内で書きなさい。

---

(1) **自分の意見・立場・答えを簡潔《かんけつ》に書く**
(2) **①の理由・根拠《こんきょ》・説明などを書く**
(3) **①②をふまえ、まとめる**

という形にして書くとよいでしょう(文字の分量は、②の部分で調整しましょう)。

問1 では、**「一番好きな季節」**が問われています。条件として「その季節が好きな具体的な理由」を書くこと、六十字以内の字数が指定されています。最初に**自分の考える一番好きな季節**を示《しめ》し、続けてその季節が好きな具体的な**理由**を書くという構成にすると書きやすいでしょう。

問2 では、**自分の考える「あいさつ」の効果**が問われています。条件は、自分の体験や見聞きしたことを交えて書くこと、八十字以上一〇〇字以内の字数です。最初に**自分の考える「あいさつ」の効果**を簡潔に書き、自分の体験や見聞きしたことを交えてくわしく**説明**し、最後に**まとめる**ようにするとよいでしょう。

ポイント

指定字数が少ない(四十~六十字程度《ていど》)場合、「①意見・立場・答え」→「②理由・根拠・説明」の二段階構成にしてもよいでしょう。

ナビゲーションつき練習問題❶

次の文章を読んで、あとの問いに答えなさい。

（東京・山脇学園中）

❶

1 動物は本能《ほんのう》に従《したが》って行動します。空腹《くうふく》になれば食べ物を求め、ねむくなれば睡眠《すいみん》をとります。もちろん人間もこのような本能をもっています。しかし人間の欲望《よくぼう》はそれだけではとらえきれません。

2 人間の欲望は、自分の生存《せいぞん》に直接《ちょくせつ》関係のないものごとにまでおよびます。たとえば、コレクションを趣味《しゅみ》とする人がいますが、これらの人々が収集《しゅうしゅう》するもののほとんどは、それがなくても生きていけます。

3 さらに抽象的《ちゅうしょうてき》なものごとへの欲望も人間の大きな特徴《とくちょう》です。数や単位を考案したり、個々《ここ》の人間の生き方を超《こ》えた「生きるとは何か」という問いを追求したりしてきたのも、このような欲望があるために可能《かのう》になりました。

4 こうした欲望のあり方が、一方では人間社会を大きく発展《はってん》させてきました。自然の根本的な原理やメカニズムを知りたいという欲望が科学技《ぎ》術《じゅつ》の進歩をもたらし、人間同士が争うことなく平和に共存できる社会を作りたいという欲望が、民主的な政治《せいじ》や社会、国際的《こくさいてき》に対話する仕組みの構築《こうちく》につながってきました。

5 しかし他方では、現代人《げんだいじん》の大きくなった欲望が様々な問題を引き起こ

読解ナビゲーション

ナビ❶

この文章のテーマ（主題）は、「人間の欲望」です。1～4段落《だんらく》には、他の動物とは異《こと》なる人間の欲望がどのように社会を発展させてきたのかが説明されています。

一方で、5段落では、人間の欲望が大きな問題を引き起こしてきたことも書かれています。

よい面と悪い面が説明されている部分には、それぞれ線を引いておき、情報《じょうほう》を整理しておくことが大切です。

解答 別冊26ページ

しました。豊《ゆた》かで快適《かいてき》な暮《く》らしを追求することが、自然を破壊《はかい》し資源《しげん》を大量に消費《しょうひ》する社会の仕組みを作り出しました。また、自らの民族や国家の利益《りえき》を最優先《さいゆうせん》することで生じる争いは後を絶ちません。

6 わたしたちは、どうしたら人間の欲望をコントロールして、自然や人々との共存を実現することができるのでしょうか。

新傾向

問 ――線部「わたしたちは、どうしたら人間の欲望をコントロールして、自然や人々との共存を実現することができるのでしょうか」とありますが、「人間の欲望」を「コントロール」するためには何が必要ですか。また、それによってどのようなことが実現できますか。例を挙げて自分の考えをまとめなさい。

解答ナビゲーション

ナビ 問

まず、設問《せつもん》を注意深く読んで、解答《かいとう》として求められていることをしっかり確認《かくにん》しましょう。

この問題では、

- 人間の欲望をコントロールするために**必要なこと**
- 人間の欲望をコントロールすることによって**実現できること**

の二つを説明することが求められています。

さらに条件《じょうけん》として、「例」を挙げることが指定されています。

文章に書かれていることをそのまま書くのではなく、**文章の内容をふまえて発展させた上で、別の例や考えを書く**と、よりよい解答になります。

4・5段落には、人間の欲望の**よい面**と**悪い面**が書かれています。特に、**悪い面**は――線部で語られている筆者の問題意識《いしき》にもつながる部分なので、解答を考えるときの参考にするとよいでしょう。

自分なりに、「人間の欲望」をコントロールすることによって実現できることに思いをめぐらしてみましょう。

ナビゲーションつき練習問題②

次の文章を読んで、あとの問いに答えなさい。

（福岡・西南学院中）

1 ここでは、学校での学びから一歩進んで、人生をより豊《ゆた》かにするための「学び」について考えてみましょう。

2 本当の学びというのは、学校の授業《じゅぎょう》や受験勉強などに限定《げんてい》されるものではありません。その意味で、人間の一生は、学びの連続であると言っていいくらいです。何歳《なんさい》でも学ぶことができて、常《つね》に学びがあるからこそ、生きていて面白《おもしろ》いと思えるのです。

3 「発達」という言葉を、よく表面的な理解《りかい》で「できないことができるようになること」ととらえることがあります。けれども、人間は年を取ると、できないことも増《ふ》えていきますよね。たとえば、記憶《きおく》が曖昧《あいまい》になったり、運動機能《きのう》が落ちていったり。先ほどのような発達のとらえ方をするとしたら、年を取ると後退《こうたい》していくから、発達は若《わか》いころに限定されたもの、ということになってしまいます。

①

4 学んだことによって、自分の中にある世界がさらに深まっていくとか、やってきたことの意味がまた違《ちが》った角度でわかってくるとかいうことは、何歳になっても起こります。そうやって、体や心が成長、進化していくことが本当の発達であって、発達は死ぬまで続くのです。

読解ナビゲーション

ナビ①

1段落では、この文章のテーマ（主題）である、「学び」が示《しめ》されています。

そして、2〜7段落までの部分に「学び」に対する筆者の考えがわかりやすく説明されています。

● 2段落
…学びは一生をかけてできるものである

● 3・4段落
…学んだことによって人間は発達し、発達は死ぬまで続く

● 5段落
…学びとは人間の発達をいろいろな角度で促す行為である

● 6・7段落
…中高生のときだけでなく、何歳になったとしても、学びは続いていく

解答 別冊27ページ

❷

[5] だから、別の見方をするならば、学びというのは、人間の発達をいろいろな角度で促《うなが》す行為《こうい》である、というふうにも言えます。

[6] 中学生や高校生のころの学びというと、学校や受験の勉強に結びつけて考えがちなのだけれども、それらを取っ払《ぱら》ったもっと深いところにあるのが、本来の学びであり、人生を耕《たがや》すために学ぶということでもあります。だから仮《かり》に、中高生のときに十分に学べなかったとしても、それで一生がダメになってしまうということは、原則《げんそく》ないのです。

[7] 何歳になったとしても、自分はまだ未熟《みじゅく》だし、知らないことだらけだから、もっともっと学んでみたい。もっと自分の世界を豊かにしてみたい、と思う姿勢《しせい》さえあれば、学びは続いていくのです。そのことを、ぜひ若いうちに知っていてほしいのです。

[8] 「学び」には、三つの段階《だんかい》があると言われています。

[9] ❷最初の段階は、いろいろな知識《ちしき》に触《ふ》れて、物の仕組みや歴史《れきし》など、何かを知るということ。これを「＊端緒知《たんしょち》」と呼《よ》びます。

[10] ❷次に、端緒知をきっかけにして、それがなぜ起こったのだろうとか、どうしてこういう現象《げんしょう》が起こるのだろう、などと自分なりの疑問《ぎもん》や課題を持って、いろいろと調べたり、人と＊ディスカッションしたり、記録して分析《ぶんせき》したりして、知識を深めていくことを、「実践知《じっせんち》」と呼びます。「深め知」と言ってもいいでしょう。

[11] たとえば、前に源 頼朝《みなもとのよりとも》が鎌倉《かまくら》に幕府《ばくふ》を立ち上げたけれども、どうして朝廷《ちょうてい》のあった京都から遠く離《はな》れたところに幕府を開いたのだろうか、という話をしましたね。この例で言うと、頼朝が鎌倉に幕府を立ち上げたという事実を知ることが「端緒知」で、どうして鎌倉だったのだろう

これらの内容《ないよう》をおさえ、筆者の考えを理解しましょう。

ナビ ❷

[8]段落には、「『学び』には、三つの段階がある」と書かれています。

その後に続く内容を、順番を意識して分類しながら読み進めるようにしましょう。

- [9]段落のはじめにある「最初の段階は」
- [10]段落のはじめにある「次に」
- [12]段落のはじめにある「そして」

などのことばにも着目し、学びの「三つの段階」とは何なのかを考えましょう。

かと疑問《ぎもん》に思って調べたり、考えたりしていくことが「実践知《じっせんち》」ということになります。

12 ❷そして、それらがわかったことで「歴史《れきし》には興味《きょうみ》がなかったけれど、なんだか歴史って面白《おもしろ》そうだな」と歴史に対する見方が変わったなど、その人の人格《じんかく》形成になんらかの影響《えいきょう》を与《あた》えるような学びに発展《はってん》していく。それを「人格知」と呼《よ》びます。

13 このように、本当の学びというのは、「端緒知《たんしょち》」「実践知」「人格知」と三層《さんそう》になって深まっていきます。

14 僕《ぼく》は実際《じっさい》、どうして京都から遠く離《はな》れたところに幕府《ばくふ》をつくったのだろうと不思議に思って、東京に出てきたときに、鎌倉《かまくら》へ行ってみたことがあります。そこは切り通しになっていて、確《たし》かに攻《せ》め込《こ》みにくい場所でした。頼朝《よりとも》が攻め込みにくいところに幕府の拠点《きょてん》をつくったというのはよくわかるのだけれども、朝廷《ちょうてい》を守るためじゃないな。だったら、幕府というのはいったい何なのか。幕府ができるということは、何を意味するのか。そんなことを考え、ずっと疑問に思ってきました。

15 僕らが学生のときには、こういうことをちょっと調べようと思っても、本格的な歴史の本を買わないと調べられませんでした。でも今は、インターネットである程度《ていど》のことがわかって、さらに調べたいとなったら専《せん》門書《もんしょ》を読もうというように、いろいろな選択肢《せんたくし》があります。その点ではとても便利な時代になったと思います。

16 それを生かして、学校で教えてくれることの中には、必ず「なんで？」という問いが隠《かく》れているはずだ、というふうに考えてみる、疑《うたが》ってみる、調べてみる。学校で同じことを習ったとしても、単なる知識《ちしき》で終わって

ナビ❸

14段落以降《だんらくいこう》では、**学びの三つの段階**を通し、**筆者の具体的な体験**を語ることで、前半で示《しめ》された筆者の考えを再度《さいど》わかりやすく説明しています。**学びの三つの段階**をふまえ、筆者の考えをより具体的に理解《りかい》しましょう。

しまうのか、人生を変えてくれるような深い学びとなるか、学ぶ側の意識次第《しだい》で、それはまったく違《ちが》ったものになると思うのです。

（汐見稔幸《しおみとしゆき》『人生を豊《ゆた》かにする学び方』による）

〈語注〉

＊端緒　物事の始まり。手がかり。

＊ディスカッション　討論《とうろん》。

新傾向

問　**「端緒知」が「実践知」に深まったあなたの具体的な体験やエピソードを五十字以上六十字以内で書きなさい。ただし、次の条件《じょうけん》をよく読むこと。**

【条件】

※文の数は制限《せいげん》しません。

※書き出しを一字下げてはいけません。

※文章中に出てきた具体例を用いてはいけません。

※常体文《じょうたいぶん》（「だ」「である」）を使いなさい。

解答ナビゲーション

ナビ　問

この問題では、「端緒知」が「実践知」に深まったあなたの具体的な体験やエピソードを書くことが求められています。

また、**【条件】**として、

- 文の数は制限しない
- 書き出しを一字下げてはいけない
- 文章中に出てきた具体例を用いてはいけない
- 常体文（「だ」「である」）を使う

ことが指定されています。

これらをふまえ、「端緒知」と「実践知」とは何かを、9～11段落をしっかり読んで確認《かくにん》しましょう。

また、14段落に書かれている筆者自身の「実践知」についての経験を参考にして、自分自身の具体的な体験やエピソードと重ね合わせて考えてみるとよいでしょう。

ナビゲーションつき練習問題③

次の文章を読んで、あとの問いに答えなさい。

1 ここで、「感情《かんじょう》」と「意見の違《ちが》い」ということについて、少しだけ考えてみましょう。

2 よく、意見が相違《そうい》する場合、違う意見が言いにくい、という話を耳にします。また、違う意見を言ったために、その人から感情的に反発されてしまったということも聞くことがあります。

3 私《わたし》たちは、誰《だれ》でも、自分のことを認《みと》めてほしいという根本的欲求《よっきゅう》を持っています。自分の言うことは一応《いちおう》信じてほしいし、自分のことを無視《むし》されるのはいやです。自分の意見に対しても同じことで、私たちは、自分が主張《しゅちょう》することに対して、基本的《きほんてき》には認めてほしい、という欲求を持っていると言えそうです。多くの場合、相手の意見が自分の意見と同じであるほうが、何となく安心したりするのもこのためでしょう。自分の意見に挑戦《ちょうせん》されて、それをおもしろがれる人は、自分に自信がある人です。しかし、中にはそういう自信がなくて、面とむかって反対されたり否定《ひてい》されたりすると、自分が認められていないというように感じてしまうという人もあります。

4 もちろん、情報《じょうほう》の信頼性《しんらいせい》や意見の妥当性《だとうせい》は、その人の人格《じんかく》とは全く別

（ドルトン東京学園中等部）

読解ナビゲーション

解答 別冊28ページ

ナビ 1

1段落《だんらく》では、「感情」と「意見の違い」という問題提起《ていき》がされています。

そして2段落以降《いこう》で、その「感情」と「意見の違い」にどういった関係があるのかが書かれています。

- 意見が違う場合、相手に意見が言いにくい、または、相手から感情的な反発をされる

←

- 自分の意見を否定されると、「自分が認められていない」と感じてしまうことが原因《げんいん》

←

- 意見を否定されることは、人格を否定されることではないのだが、現実的には人間は意見が違うと感情的になってしまう

という流れをおさえましょう。

の事柄《ことがら》ですから、自分が主張することが否定されたからといって、自分が認められていない、などと考える必要はありません。まして、自分の意見に対して疑問《ぎもん》を持たれたり、反対意見を持たれたりしたからといって感情的になってしまうことは決して望ましいことではありません。ただ望ましいことではないにせよ、現実《げんじつ》には、そういう感情的なことも切り離《はな》せないのです。

5 そこで、こうしたことに関連した問題が三通り起こり得《う》るのです。

6 一つは、自分の意見に対して疑問や反対意見が言われた場合に感情的になってしまう場合です。この場合には、「しっかり考えて、感情におし流されないように気をつける！」としか言いようがありません。受け入れるべきは受け入れ、それでも自分は違うと思うなら、その根拠《こんきょ》も含《ふく》めて明確《めいかく》に主張していけばいいでしょう。どうでもよければ聞き流してもかまいません。自分なりにしっかりと考えることが大切です。特に、知的な内容《ないよう》の事柄であれば、内容は内容、気持ちは気持ち、というふうにしっかり分けて、感情はひとまずコントロールする必要があります。これは心構《こころがま》えの問題です。

7 次に考えられるのが、自分が自分の意見を配慮《はいりょ》なしに言ったために、相手を不用意に感情的にさせてしまうという失敗です。「言い方に配慮があればきちんと伝えることができたのに、そうしなかったばかりに感情的反発を招《まね》いてしまった」という失敗は、誰しもあるのではないでしょうか。

8 さらにもう一つ、相手の感情に「遠慮」しすぎるあまり、言うべきことが言えないという場合もあります。はっきり言わなかった（言えなかっ

ナビ 2

5段落には「三通り」ということばがあります。これは、これまでに筆者が提示してきた意見の違いと感情の関係によって起こり得ることを、これ以降でさらに三つに分類して説明することを示《しめ》しています。

● 6段落
…自分の意見に対して疑問や反対意見が言われた場合に感情的になってしまう問題

● 7段落
…自分の意見を配慮なしに言ったために、相手を不用意に感情的にさせてしまうという失敗

● 8段落
…相手の感情に「遠慮」しすぎるあまり、言うべきことが言えないという問題

これらの内容をおさえて、**意見の違いと感情の関係**をより深く理解していきましょう。

②

た）ために、最終的にあとで強く後悔《こうかい》してしまうというのもよくあることです。これは目立った「失敗」とは認識《にんしき》されにくい点で、よけいにやっかいな問題かもしれません。

③

9 人間は感情《かんじょう》を持つ動物ですが、その感情のために、しっかりとした意見の交換《こうかん》ができなくなることも現実《げんじつ》にはあります。その意味で、感情は「コミュニケーション上の障害《しょうがい》」となり得《う》るものです。

10 そこで、そういうコミュニケーション上の障害を乗り越《こ》えるために、「言いにくいことを言う場合の作戦」を考えてみるというのはどうでしょう。どのように言えばいいか、という「表現」への視点《してん》を持ってみるのです。こう考えてみることで、自分の心をコントロールすることもやりやすくなります。言うべきことも、きちんと考えた上で言えるようになります。

11 また、そういう視点を持っていれば、ほかの人から何かを言われた場合でも、「言い方」の問題と「内容《ないよう》」の問題とを分けて考えることができます。そうすることで、「自分のことを客観的に見る見方」「素直《すなお》に自分の至《いた》らなさを認《みと》める心」を呼《よ》び覚ますこともできるでしょう。

12 自分が「正しい」と思うことを言うのに、もちろん、「遠慮《えんりょ》」はいりません。しかし、時と場合によっては「配慮」はあっていいでしょう。逆《ぎゃく》に、そうした「配慮」をしてみることで、「言うべきことが言えないまま」になることも防《ふせ》げるような気がします。

（森山卓郎《もりやまたくろう》『コミュニケーションの日本語』による）

ナビ ③

9～12段落《だんらく》で、筆者は、これまで語ってきた問題に対する自身の考える解決策《かいけつさく》を示《しめ》し、結論《けつろん》としています。

意見の違《ちが》いと感情の関係によって起こる問題と、筆者の考える解決策をおさえましょう。

新傾向

問 友達から遊びに行こうと誘《さそ》われたときに、本心ではその遊びに興味《きょうみ》がないのに参加するという人がいます。あなたはこの人の行動に賛成《さんせい》ですか、反対ですか。そのように考える根拠《こんきょ》とともにあなたの意見を一五〇字以上二〇〇字以内で書きなさい。（途中《とちゅう》で改行はしないこと）

解答ナビゲーション

ナビ 問

この問題では、友達から遊びに行こうと誘われたときに、本心ではその遊びに興味がないのに参加するという行動に**賛成**か**反対**かという意見が求められています。

また、条件《じょうけん》として、次の三点が指定されています。

- そのように考える**根拠**を書く
- 一五〇字以上二〇〇字以内で書く
- 改行はしない

はじめに、設問《せつもん》で示された事例が、文章の中で筆者が説明した三つの問題のうちのどれにあたるのか、文章にそって考えてみましょう。

相手の意見にしたがって、自分の意見と異《こと》なる行動をとってしまうというこの事例は、8段落に示された**「遠慮《えんりょ》」**によって起きた問題だと考えられます。

これをふまえ、まず、賛成か反対か**「自分の立場」**を示し、次にそのように考える**根拠**を述《の》べ、最後に問題の解決策を述べて**まとめる**という**三段階構成《さんだんかいこうせい》**にすると、論理的《ろんりてき》で読みやすい文章になります。

入試問題にチャレンジ

制限時間 20分

解答 別冊29ページ

次の文章は、佐藤《さとう》まどか『アドリブ』の一部です。ユージは日本人だが、幼少期《ようしょうき》から母とイタリアで暮《く》らしており、フルートの美しさに感動して以来、国立音楽院でフルートを習っている。本文は、彼《かれ》がイタリア・ヤングオーケストラのオーディションに挑《いど》む場面で、同じ音楽院に通う＊サンドロに「『パルティータ』なんて難《むずか》しくないだろ」「おまえにはバッハは理解《りかい》できない」と馬鹿にされて悩《なや》むシーンから始まる。これを読んで、あとの問いに答えなさい。

（広島・修道中）

家でフルートを吹《ふ》いていて、窓《まど》の外にふと目をやった。

季節は春で、すでに日が長くなってきていた。光り輝《かがや》く草の斜面《しゃめん》は赤く染《そ》まり、太陽は丘《おか》の向こうに沈《しず》み、ゆっくりと暗くなっていくけどまだほんのり明るくて、夕方と夜のあいだになる。

ぼくはこの時間が好きだ。真っ暗な夜が始まるまで、昼行性《ちゅうこうせい》の動物は巣に入り、夜行性の動物はのろのろと這《は》い出してくる。

昼と夜のあいだ、音と無音のあいだ、行と行のあいだ、大人と子どものあいだ……。

そんな「あいだ」が好きだ。どっちでもないし、どっちでもある「非絶対的」なもの。それはサンドロが好きな「絶対的なもの」とはちがうのだろう。

バッハは神のために作曲したのかもしれない。でもぼくには信仰《しんこう》がない。だから一点から光を与《あた》える絶対的なものじゃなくて、天と地のあいだの、消えゆく光のあいまいではかないものを感じながら吹いた。

ぼくにとっての『パルティータ』はこれだ、と思った。

第一次審査で参加者が次々に吹く『パルティータ』を聴《き》いて、同じ曲でもこんなにちがうのかと、愕然《がくぜん》とした。

サンドロの演奏《えんそう》は、ほかの音楽院のだれよりも正確《せいかく》で、非《ひ》の打ちどころがなかった。まるで複雑《ふくざつ》な数式がどんどん解《と》かれていくように、論理的《ろんりてき》で隙《すき》がなかった。サンドロにとって、バッハの『パルティータ』の答えは、完全無欠なのだ。

第一次審査《しんさ》の結果が出たとき、参加者はみな会場の大ホールにいた。結果発表が張《は》りだされると、ホール中が大騒《おおさわ》ぎになった。ものすごい人だかりができて、張り紙になかなか近づけなかった。でも、早く結果を知りたかった。いつのまにか人をかきわけて前に進んでいた。パスしているように祈《いの》りながら、大きな紙を見つめた。前にいる人たちの頭が邪魔《じゃま》で、紙の下のほうが見えない。

　どいてくれるように頼《たの》もうとしたとき、同じ音楽院のチェロ科の子が叫《さけ》んだ。

「ちぇっ、オレ、ダメだった。ヴァイオリンは……あったぞ、ジャンフランコ！　あとうちの音楽院では……フルートのサンドロと、えっ、ユージかよ？」

「まじ？　ユージ？」

　同じ音楽院のなん人かがぼくを見た。

「そんなにおどろくことないだろ」

というと、みんなが笑った。

　ぼくは自分の目で、第一次審査通過者《つうかしゃ》リストに自分の名前があることを確認《かくにん》し、ホッと息をついた。

　通らないかもしれないと思っていた。だからうれしいと同時に、意外だった。サンドロはもちろんパスしていたけれどマルタの名前がなかった。

　マルタはぼくの背中《せなか》をドスン、と叩《たた》いた。

「ま、こうなることは予想してたよ。あたし、バッハ苦手だし。せめてあんたが通ってよかった」

「……ごめん」

「あやまるな。ユージ！　あたしの仇《かたき》を討《う》て。ぜったい、サンドロに負けるなよ！」

　ぼくはいつものように元気なマルタの声を聞くと、安心してうなずいた。でも、みんなにあいさつをして帰っていくマルタの顔は、くやしそうだった。

　*サンティーニ先生が歩いてきた。オーディションを聴いていてくれたらしい。

「よかったよ、ユージ、サンドロ。ふたり残れたのは快挙《かいきょ》だな。よし、二次審査に向けて、最後の調整をしよう。学院にもどるぞ」

　ぼくたちは会場を出て、駅に向かった。

　勝ち負けじゃない。これはコンクールじゃないんだから、順位があるわけじゃない。でも、選ばれたい。どうしても最終審査まで残って、本物のオケでソリストをやってみたい。しかも、最終審査の課題曲であるライネッケの『バラード』は大好きな曲なのだ。

　翌日《よくじつ》の第二次審査の演奏は、公平さを保《たも》つために、その場でランダムにくじを引いて、順番が決まった。

　ぼくは三番目だった。

　ぼくが吹く曲、ムーケの『パンの笛』には、それぞれの楽章に詩がついている。顔は人間で角を持ち、四肢《しし》は山羊《やぎ》のパン。陽《ひ》のあたる野原や森をかけまわり、小川のほとりでまどろみ、気ままな暮らしをしているパンを生き生きと描《えが》いた明るい曲だ。

　楽しくて、ワクワクしてくるような第一楽章〈パンと羊飼《か》い〉。

　ゆったりとしたアダージョの第二楽章〈パンと小鳥たち〉。鳥のさえずりのような美しいメロディ。豊《ゆた》かな大自然の中で、自由に飛ぶ鳥。少しもの悲しいようなこの第二楽章がぼくは大好きだ。第一楽章や、華《はな》やかな第三楽章にはさまれた「あいだ」だ。

静かに終わった第二楽章のあとは、きらびやかな第三楽章〈パンと妖精《ようせい》たち〉。ものすごい速さで動きまわり、あちこちでいたずらをしてまわる楽しい無邪気《むじゃき》な牧神パンをイメージしながら、『パンの笛《ふえ》』を吹きおえた。

頭を下げて、退場《たいじょう》する。息を使いすぎたせいか、興奮《こうふん》していたからか、頭がくらくらして、よろめくように袖《そで》に入り息を整えた。

会場にはマルタも来ていた。サンティーニ先生は自分自身のデュオ・コンサートだったから、来られなかった。結果が出たらすぐ知らせるようにいわれている。

フルートを拭《ふ》いて、マルタのとなりにすわると、「すごくよかったよ」といわれてホッとした。マルタは、うっすらと涙《なみだ》を浮《う》かべていた。

「ちょっとヤキモチを焼きたくなるくらい、よかったよ、ユージ」

と、ささやいてくれたとき、もしここで敗退《はいたい》しても、やれるだけのことはやったと自覚できた。もちろん、最終審査《しんさ》でオケと吹きたい気持ちは残っているけれど。

サンドロの出番は最後だった。ぼくがまだ吹けそうにない『カルメン』を、彼《かれ》は完璧《かんぺき》にこなした。感動したかどうか、は別の話だけど。

マルタが不服そうに耳打ちした。

「カルメンっぽくない。ドン・ホセに殺《ころ》されるロマの女、カルメンの話だよ？　どろどろとした愛と憎《にく》しみ、落ちぶれた酒場、情熱《じょうねつ》と悪夢《あくむ》がまじりあったドラマチックな曲には聴《き》こえなかったけど！」

たしかに、ぼくもそう思った。ライバルのことを悪く評価《ひょうか》するのはアンフェアな気がして黙《だま》っていたけど、サンドロのテクニックに感心はしても、胸《むね》を揺《ゆ》さぶられたことはない。とくに、こういう情熱的な曲は、サンドロには向いていない気がした。

彼のバッハの解釈《かいしゃく》はわからないでもない。でも、カルメンをどう解釈しているんだろう？　サンドロのカルメンは、えらくドラマチックな話をテレビの画面で※ポテチでもかじりながら他人事《ひとごと》として観《み》ているような感じがした。

じりじりと待たされるのは、きつかった。結果は一時間後に出るはずだったけど、審査員の意見が分かれているらしく、一時間半過《す》ぎても、結果は出なかった。

マルタは試験勉強があるからといって帰ってしまった。サンドロはいなくなり、ぼくは会場の外のベンチで自販機《じはんき》のエスプレッソコーヒーを飲んで板チョコをかじり、また会場の大ホールにもどって、ラテン語の勉強をした。

発表の時間になると、張《は》り出された紙の前にあっという間に人が集まり、自分の名前を探《さが》すのにひと苦労した。でも、今度は十人しか残らない。目を凝《こ》らして、じっと見る。YujiのYを探したけど、ない……ない……いや、あった！

【Mori Yuji】あった！

心臓《しんぞう》がバクバク打ちはじめた。小さくガッツポーズをした。

やった！　最終審査でオケと吹けるぞ！

あ、サンドロは？　あわててもう一度目を凝らす。

デッラ・コルテ・サンドロ……サンドロ・デッラ・コルテ……。

ない。サンドロの名前がない。そんなバカな。なんど確認《かくにん》しても、やっぱりサンドロの名前はなかった。

複雑《ふくざつ》な気分だった。正直、「あいつに勝ったぞ」という気持ちがなかったわけではない。でも同時に、後ろめたい気分にもなっていた。

キョロキョロすると、サンドロがホールから出ていくのが見えた。ぼくは焦《あせ》って追いかけた。

「サンドロ！」

サンドロはスタスタ歩いていく。

「サンドロ、あのさ」

横に並《なら》んで話しかけると、サンドロはピタッと足を止めた。

「なぐさめの言葉でもかけに来たのか？」

その目は、いつものクールなサンドロのものじゃなかった。憎しみに満ちあふれていた。

「ご、ごめん。まさかこういう……」

「ばかやろう、あやまるな！」

サンドロはぼくの胸ぐらをつかむと、おそろしい形相《ぎょうそう》をした。その目は赤くなっていて、ぼくはハッとした。サンドロにも、感情はあるのだ。

なにもいえずにいると、サンドロはぼくの襟《えり》をつかんでいた手を放した。

「オレはおまえらのだれよりも努力してるし、テクニックもある！」

「わかってる」

「腹《はら》が立つんだ。毎日三十分しか練習していないヤツが選ばれたことにな！」

「それはちがうよ。今は毎日二時間ぐらい練習してるし、週末は五時間吹くよ。本当はもっと練習したい。でもぼくには、音楽家になれなかったら家を継《つ》ぐみたいな選択肢《せんたくし》はない。学校の勉強だってちゃんとやって、将来《しょうらい》は仕事を見つけないといけないんだ」

「フン」と、サンドロは鼻で笑った。

「おまえんちの事情なんか関係ない。練習時間が二時間になっても変わらない。オレはずっと、ずっと、何年ものあいだ、毎日三時間吹いてきた。友だちも、学校も、ほかのことすべてを犠牲《ぎせい》にしてきた。ダメだったら家を継ぐみたいな選択肢は、オレにだってないんだよ！　そんな生半可《なまはんか》な気持ちでできるわけないだろう！　おまえやマルタとは、音楽への向き合い方がちがうんだ。おまえみたいなヤツが通って、オレが通らないのは許《ゆる》せない！」

ぼくの中に、今まで感じたこともないような苛立《いらだ》ちがつのりはじめ、感情を抑《おさ》えきれなくなってきた。

「じゃあいわせてもらうけど、なんで落ちたと思う？　きみほどのテクニックがあって、なぜ選ばれなかったんだ？」

サンドロは目をむいた。

「趣味《しゅみ》の問題だ！　あいつら審査員《しんさいん》の趣味に合わなかったから、オレは落ちた。ただそれだけだ。あいつらは、大げさな表現《ひょうげん》をするヤツが好きなんだろう。おまえみたいにな。オレはちがう。オレの音《おん》楽性《がくせい》は、そういう下品なものじゃない。わかる人にはわかるんだ」

　こんどこそ、ぼくはムカッと来た。

「そういう上から目線じゃ、審査員はおろか人の心を揺《ゆ》さぶるような演奏《えんそう》はできないと思う。サンドロはなんのために吹《ふ》くんだ？　自分の超絶技巧《ちょうぜつぎこう》を自慢《じまん》したいからか？　ミスがひとつもないって褒《ほ》めてもらいたいからか？　自己満足《じこまんぞく》に陶酔《とうすい》したいからか？　カルメンの悲劇《ひげき》に共感し、悲しみや喜《よろこ》びや情熱《じょうねつ》をだれかとシェアしたいからじゃないんだろう？」

「ふざけるな！　オレはおまえの何倍も努力してきた。それをおまえみたいな……」

　ぼくは彼《かれ》の話をさえぎる。

「きみに足りないのは、テクニックじゃない。努力でもない。闇《やみ》だよ。不安で泣いたり、コンプレックスに苦しんだり、差別されて惨《みじ》めな想《おも》いをしたり、だれかに片思《かたおも》いをしたり、孤独《こどく》で死にそうになったりしたことなんてないだろ？　きみの心にはそういう闇がないから、人の苦しみや悲しみがわからないんだよ！　つまり、それが音楽だろう？」

　サンドロが拳《こぶし》を振《ふ》りあげた。

　ぼくは思わず飛びのいた。

「一度ぐらいオレに勝ったからって、いい気になるな！」

　サンドロはそのまま走っていってしまった。

　とんでもないことをいってしまった。でも、本心だった。

　サンドロにあんなことをいっておいて、罪悪感《ざいあくかん》に押《お》しつぶされそうになっていた。

　ぼくには、本当に選ばれる権利《けんり》なんてあったんだろうか。このまま先に進んでいいんだろうか。

　いや、ぼくは先に進まなければならない。ベストを尽《つ》くして、最終審査《しんさ》に挑《いど》もう。そして、ヤングオーケストラに入ろう。

　それがぼくの答えだ。適当《てきとう》にやり過《す》ごしておずおずとあきらめるわけにはいかない。

〈語注〉

＊**サンドロ**　ユージの同級生でフルート科のエース

＊**サンティーニ先生**　音楽院のフルートの教授《きょうじゅ》

＊**ポテチ**　ポテトチップスのこと

問 ——線部「サンドロはそのまま走っていってしまった」とありますが、あなたがこの直後にサンドロにより良い演奏ができるようになるための助言をするならば、どのように声をかけますか。その内容《ないよう》を、理由とともに書きなさい。

ヒント

● まず、この文章の主人公である「ぼく」と同級生のサンドロは、同じフルート奏者でも、それぞれ**音楽に対する考え方**がちがうようです。**二人の音楽に対する考え方のちがい**を、文章からしっかり読み取りましょう。

● この文章の後半で、「ぼく」は、サンドロの音楽が抱《かか》えている問題を指摘《してき》しています。**「ぼく」がサンドロの音楽にどのようなものが欠けていると感じたのか**をおさえましょう。

● 文章の最後で、結局サンドロは「ぼく」の話を振《ふ》り切って、「そのまま走っていって」しまっています。**なぜサンドロは「ぼく」の話を振り切って去ってしまったのか**を、彼の心情をふまえながら考えましょう。

● **問**では、サンドロの音楽の悪い所を指摘するのではなく、**サンドロがより良い演奏ができるように「助言」すること**を求められています。このときのサンドロはどういった気持ちであるのかをふまえながら、彼に対してどのように声をかければよいかを考え、自分なりのことばで表現するとよいでしょう。

MEMO

著者紹介

海老原成彦（えびはら なるひこ）

桐杏学園、サピックス小学部、中学受験グノーブルなど首都圏の大手進学塾で国語を指導。中学受験国語のプロとして、的確な入試分析と生徒の学力に親身に寄り添う授業で、数多くの受験生を志望校合格へと導く。その後、受験関連の調査コンサルティング会社の研究員として、中学入試問題の分析を担当。現在は教育開発グループ「エデュケーションフロンティア」で教材や指導法の開発にあたるほか、国内外の小学生にオンライン個別指導を行っている。

主な著書に『中学入試 分野別集中レッスンシリーズ』（文英堂）などがある。

□ 編集協力　細谷昌子　相澤尋　谷川誠

□ 本文デザイン　武田紗和（フレーズ）

シグマベスト
中学入試　新傾向集中レッスン
国語　読解・記述の問題
[会話・複数文章・ノート・自由記述]

編　者　文英堂編集部
発行者　益井英郎
印刷所　中村印刷株式会社
発行所　株式会社文英堂
〒601-8121　京都市南区上鳥羽大物町28
〒162-0832　東京都新宿区岩戸町17
(代表)03-3269-4231

●落丁・乱丁はおとりかえします。

ΣBEST シグマベスト

中学入試

新傾向 集中レッスン

国語 読解・記述の問題

会話　複数文章　ノート　自由記述

解答集

文英堂

1 会話の問題

例題　問題 ▶ 本冊6ページ

問1　イ
問2　ウ
問3　エ

解説

問1　——線部のすぐ前まで、チューリップは「十日くらいでかれてしまうのが欠点」と話しているので、**チューリップは「花が咲《さ》いても、短い期間でかれてしまう」**ことを述べている**イ**があてはまります。

問2　□の直前までで、**「早咲《はやざ》きや遅咲《おそざ》きの品種をいっしょに植えれば」、長い間花だんの花を楽しめる**と話しているので、Bさんは**ウ**「いろんな開花時期の花を組み合わせて植える」ことによって、長く楽しめる花だんになる、と言っていると考えられます。

問3　最後のAさんの「**球根や苗《なえ》**を用意しようかな」という発言や、**開花時期の異《こと》なる花**を植えると、長く楽しめる花だんになるという会話内容《ないよう》をふまえて考えると、Aさんは**開花時期の異なる花の球根や苗を用意した**と考えられます。

新傾向

ナビゲーションつき練習問題❶

問題 ▶ 本冊8ページ

問　①エ　②ア　③ウ　④イ

解説

問　会話文は、話題や議題・直前までの発言を受け、それに対する発言がくり返されていきます。ですから、会話文中の□にあてはまる内容《ないよう》を考えるときには、まず**直前か直後の発言**を確認《かくにん》するとよいでしょう。

①は、直前のしょうこの発言に「**『竹取物語』**があって」とあるので、**『竹取物語』**について話している**エ**が合います。

②の直後のしょうこの発言は、「**でもね**」から始まり、**少し前の自分の発言を否定《ひてい》している内容が続いています**。よって、②は、少し前のしょうこやゆりこの発言に同意する**ア**だと考えられます。

③の直前までで、**しょうこ**は姉の発言を引用して、「自分が知っていたお話と同じだけど、**知らないことばかりだった**」「昔の文章

は知っていた内容より**情報量《じょうほうりょう》が多くて複雑《ふくざつ》だった**」と述《の》べているので、［③］には、これらの内容を受けた**ウ**が合うと考えられます。

［④］について、これまでの会話で、しょうこはゆりことみなみに対して、しょうこの姉が、**中学校の国語で学ぶ昔の文章は、意外と知らない内容も多く、情報量も多くて複雑だ**と言っていた、という話をしています。そのため、しょうこの話を聞いて、**みなみも中学校の国語が少し楽しみになってきた**と考えられます。よって、**イ**が合います。

ポイントチェック

問 ［②］

しょうこ「……姉もそう（＝すでに知っているお話なのに学ぶ意味があるのかと）思っていたって」

ゆりこ「そうよね」

直前の**しょうこ**の発言に同意

みなみ「［②］」

直前の**しょうこ**と**ゆりこ**の発言に同意

前の**しょうこ**（自分）の発言や、それに同意した**ゆりこ**と**みなみ**の発言に反する内容が続くことを示す

しょうこ「でもね、姉は続けてこう言ったの。『自分が知っていたお話と同じだけど、知らないことばかりだった』」

前の**しょうこ**（自分）の発言に反する内容

ナビゲーションつき練習問題②

問題 本冊10ページ

問 ⑥

新傾向

問 この会話の話題は**「映像配信授業《えいぞうはいしんじゅぎょう》の良い点と悪い点」**です。しかし、⑥は「眠《ねむ》くなったら冷たいコーヒーを飲むのがおすすめだよ」と、**「映像配信授業」についての会話から「眠くなったときの飲み物」の話題に変えてしまっています。**

よって、正解《せいかい》は⑥です。

アドバイス

会話に関する問題は、大きく分けて「連続した会話として成立しているかどうかを考える問題」と「会話の体裁《ていさい》をとった、選択肢《せんたくし》の正誤《せいご》を考える問題」の二種類があります。

この問題は前者で、それまでの話の論点《ろんてん》からずれた話が、どこからはじまったかを問いかけています。会話に関する問題では、発言のつながりを理解《りかい》することが重要ですが、特にこのような問題では、そもそも**何について話し合っているか（＝話題・議題）をおさえて**から、全体の流れをつかんで読み進めて考えましょう。

問題 本冊12ページ

問 B・C

解説

この文章は、「以心伝心」だけにたよって未熟《みじゅく》な表現《ひょうげん》力しかもたない**「甘《あま》やかされた日本語」**について説明しています。

新傾向 問 筆者はこの文章で、公私《こうし》のけじめがつかずに、仲間内の言葉に終始している現代の日本の若者《わかもの》たちも、**「メシ」という一言で妻《つま》に命令をくだす夫**と同じく、コミュニケーションの取り方の根底に、他者に対する「甘え」があると指摘《してき》しています。

これをふまえて、一致《いっち》しない部分のある発言をしている人は誰《だれ》かを考えましょう。

選択肢チェック

Aさん　ふだん何げなく話している日本語に、こんな特色があるなんて知らなかったな。おどろきだよ。特に「一語文」の問題は本当に深刻《しんこく》だなあ。「タメ口」だってひどいんだろう。

▶文章中では、日本の若者が一語文やタメ口しか話せなくなっている問題が深刻化していることが述《の》べられているので、合っています。

Bさん　すべて話さなくても「以心伝心」で通じるのよね。日本はせまい島国なんだから。でも最近では男の人だけじゃなく、女の人まで「一語文」で話し出しているんでしょ。それは問題よね。

▶女性《じょせい》の一語文を特に問題視《もんだいし》している点が、文章と合いません。

Cさん　コミュニケーションのあり方が変わってきているんだよ。電車の中だってそうだろう。スマホやケータイばかりをいじって、話をしている人はほとんどいないよね。人と話をするのが恥《は》ずかしいんだよ。

▶電車の中で人々がスマホやケータイばかりいじっている理由を、「人と話をするのが恥ずかしい」からと述べている点が、文章と合いません。

Dさん　でもこれからは外国との関係もあるし、「以心伝心」だけではだめよね。どうしたらいいのかしら。やっぱりていねいにたくさんの言葉を使って、筋道《すじみち》を立てて話すことかしら。

▶他人との話では「以心伝心」にたよるだけではだめだと述べているので、文章と合っています。

Eさん　きっとそうなんだろうね。夫婦《ふうふ》の関係でも口数の少ないお父さんを支《ささ》えているのはお母さんだというのでは、甘えているだけだからね。お母さんの「内助の功」のおかげなんだね。

▶無口な日本男児は、察しのいい妻の内助の功によって支えられている「甘やかされた男」でもある、と文章中で述べられているので、文章と合っています。

Fさん　老いも若きもいっしょね。言葉の問題に年齢《ねんれい》は関係ないみたい。みんな似《に》た者同士《どうし》なのよ。この文章を読んで、どれだけ私《わたし》たちが「以心伝心」の文化の中にいるかがよくわかったわ。

▶文章の内容から、若者だけでなく、妻に一言で命令を下す夫（お父さん）も、他者に対する甘えをもっていて、その甘えをもつことは「以心伝心」にたよって語る努力をしない文化の中にいるから、ともいえるので、文章と合っています。

ここから、**Bさん**と**Cさん**の発言が文章内容と合っていないとわかります。

ナビゲーションつき練習問題④

問題 本冊16ページ

問

A　大人になる

B　お父さん

C　うれしそうに笑った

D　例 輝《ひかる》が成長したことを感じてうれしくなったから（21字）

解説

この文章には、小学五年生の輝が、ベランダで見送る母と手を振《ふ》り合う毎朝の日課をやめようと決意し、それを母に伝えるようすがえがかれています。**「今日で最後にしようと思うんだ」**と言った輝に対する、母の思いを読み取りましょう。

新傾向

問　[　]をふくむ発言を注意深く読みながら、その発言が、**文章の中で誰《だれ》が言ったり思ったりしたことについて述《の》べたものか**を確認《かくにん》し、答えを考えていきましょう。

まず、[A]をふくむ華子《はなこ》さんの発言の内容《ないよう》から、[A]には、**「輝（ぼく）」**が「見送ってもらうのをやめようとした」理由があてはまると考えられます。

「輝（ぼく）」は「見送ってもらうのをやめようとした」理由を、お母さんに対しては「四月からは六年生だし、お母さんだって朝はいそがしい」から、と説明しています。しかし、これらの中には、[A]のあとの「のに必要なこと」とつながりそうなことばはありません。

そこで、はじめのおじいちゃんとの会話の場面に着目すると、小学生のころのお父さんが、おばあちゃんの手作り体操《たいそう》着袋《ぎぶくろ》を断《ことわ》ったときに、**「大人になるんだ」**と言っていたと、おじいちゃんが思い出を語っている部分があります。それを聞いた「輝(ぼく)」は、心の中で**「大人になる。**ぼくは**大人になるんだ」**とくり返しています。

これは、「輝(ぼく)」が、見送りをやめてもらおうと決めた自分と、体操着袋を断った子どものころのお父さんを重ね、見送りをやめてもらうことは、お父さんと同じく**「大人になる」**のに必要なことなのだ、と強く感じていることを表現《ひょうげん》しているのだと考えられます。よって、[A]には**「大人になる」**があてはまります。

[B]には、子どものころに「輝(ぼく)」と「同じようなこと」を思った人物があてはまるので、**「お父さん」**が合うと考えられます。

[C]には、おじいちゃんが「生意気なこと言う」と言いつつ、どのようなようすでいるのかがあてはまります。

文章の最初の会話の場面で、おじいちゃんは、「どうだ、生意気なこと言うだろう?」と言いつつも、**「うれしそうに笑った」**と書かれています。これは、おじいちゃんが、亡《な》くなった息子《むすこ》(お父さん)と、目の前にいる孫(「輝(ぼく)」)を重ね合わせて、息子が成長していく姿《すがた》を思い出し、その時の**うれしい気持ち**を思い出しているからだと考えられます。

[D]には、見送りを断ったあと、お母さんが「晴れ晴れ」とした顔だった理由があてはまります。これは、「輝(ぼく)」が見送りは今日でやめてほしい、と言い出したことで、**「輝(ぼく)」の成長を感じ**、おじいちゃんと同じように、**うれしい気持ち**になったのだと考えられます。この内容を、指定字数以内でまとめましょう。

入試問題にチャレンジ

問題 本冊20ページ

問 (1) 無理に意味を求めようとする

(2) エ・キ

解説

この文章は、**「音楽と自由の関係性《かんけいせい》」**について述《の》べられたものです。音楽は常《つね》に自分の周りにあふれていて、人が音楽を求めるのに理由はありません。理由がないからこその美しさは、言いかえれば意味がないからこその美しさでもあります。ですから、音楽に無理に意味を求めようとする必要はなく、音楽は自由であるべきだと筆者は考えているのです。

問 (1) [I]は、直前の生徒Bの発言にある**「音楽は、どんな時に『自由』でなくなってしまうのか」**を手がかりに、あてはまることばを考えましょう。

　文章後半で、音楽に「意味がないことというのは、自由なままでないと成り立たない」と述べられています。音楽を「意味がない」状態《じょうたい》に保《たも》つには、「自由なまま」でなくてはならない、ということは、**音楽は意味を持つと自由ではなくなる**、とも言いかえられます。音楽は、ヒトラーが行ったように、**「強い意図を加えた」**うえで使用すると、その**自由さが失われ**、その強い影響力《えいきょうりょく》を特定の目的にも利用できてしまうのです。

　この、**（音楽に）意味を持たせる**、と同じ内容《ないよう》を十三字で表すことばを探《さが》すと、65行目に、**（文化や音楽に）「無理に意味を求めようとする」**ということばがあります。

(2)　設問《せつもん》で、［Ⅱ］は、「筆者の考えをふまえた」意見だと述べられています。文章中で、筆者は「豊《ゆた》かな寄《よ》り道」ということばを用いて、**「意味がない」ものごとが持つ美しさ・価値《かち》**について述べています。

　また、［Ⅱ］の直前で、**生徒A**は「現代《げんだい》は情報化《じょうほうか》が進んでいて将《しょう》来《らい》や未来が見通しやすくなっているから、私《わたし》たちは**常に意味のあるものを求めている**のかもしれない」と述べています。これにつなげても不自然でない選択肢《せんたくし》を選びましょう。

　ア〜エの選択肢は、人生や社会において必要・大切なことを述べている**意見**、オ〜クの選択肢は、**具体例**と考えられます。

　ア・イ・ウ、オ・カ・クは、**「意味がない」ものごと**とは特に関係がない内容なので、筆者の意見や直前までの内容と合いません。

　エは、**「理由や意味を持たない美しさ**に触《ふ》れていくことも重要」と述べているので、筆者の意見や直前までの内容と合います。

　キの、「古典とか数学なんて**役に立たないから、勉強する必要なんてない**」は、**直接的《ちょくせつてき》な意味が見いだせないために不要だと判断《はんだん》してしまう**具体例だと考えられるので、これも筆者の意見や直前までの内容と合います。よって、正解《せいかい》は**エ・キ**です。

アドバイス

　「自由」とは複雑《ふくざつ》な意味を持つ概念《がいねん》なので、この文章の「音楽と自由の関係性」も、実感をもって理解《りかい》しづらかったのではないでしょうか。ですが、このような筆者の深い意図を読み取るのが難《むずか》しい文章でも、一通り読み終えて問題を解《と》いていくと、**「筆者が言おうとしているのはこういうことなのかもしれない」**という、より深い気づきを改めて得《え》られることがあります。読解問題を解くというのは、**文章の内容を分析《ぶんせき》・確認《かくにん》していく作業**でもあるからです。少し難しい文章の読解問題でも、決して投げ出さずに、一通り取り組んでみることが大切です。

2 複数文章の問題

問題 本冊24ページ

例題

問1 読書

問2 ア

解説

問1 【文章1】【文章2】は、どちらも**「本を読むこと」**が主題（テーマ）となっていると考えられます。これは**「読書」**と漢字二字で言いかえられます。

問2 【文章1】では、**本を読んで著者《ちょしゃ》の経験《けいけん》を自分のものにする**ことで、新たな発見や創造物《そうぞうぶつ》が生まれると述《の》べています。そして、【文章2】では、**本を読むことは直接《ちょくせつ》経験の世界を広げる**と述べています。

これらの内容《ないよう》と合うのは、**ア「人は本を読むことで、他者の経験を自分のものにして世界を広げられる」**です。

イ・ウ・エのような内容は【文章1】【文章2】には書かれていません。

ナビゲーションつき練習問題①

問題 本冊26ページ

問 例 **人間がコンピュータのよいところを引き出すためには、日ごろから雑談《ざつだん》をすることによって得《え》られる信頼《しんらい》が必要である。そのため、雑談AIを研究することは、人間とコンピュータのコミュニケーションに役立つと考えるから。**

解説

新傾向

問 この問題では、人間と雑談するコンピュータシステム（AI）の研究を、筆者がなぜ重要と考えているのかを書くことが求められています。

そして文章では、**人間は、信頼や協力関係を築《きず》くために雑談をする**という特性《とくせい》をもっていて、対話機能《きのう》をもつコンピュータシステム（AI）とも雑談してしまうと述《の》べられています。

これらをおさえたうえで、**【引用文】**の内容《ないよう》を見ていきましょう。

【引用文】では、

- これからさらに、高度なAIを搭載《とうさい》したコンピュータは身の回りに増《ふ》えてくる
- コンピュータ（AI）に任《まか》せるものを決定づけるのは日ごろからの**信頼**であり、その**信頼のベースになるのは雑談**
- **お互《たが》いを信頼し合う**ことで、**お互いのよいところを引き出して、**

より良い作業ができるのは人間でもコンピュータ（ＡＩ）でも同じことである

ということを述べています。

よって、これらの内容をふまえ、

①人間とコンピュータシステム（ＡＩ）が**お互いの良い所を引き出すため**には、**信頼関係**が必要
②**信頼関係**を築くためには、**雑談**をする必要がある
③**雑談**するコンピュータシステム（ＡＩ）を研究することが重要

という筋道《すじみち》で説明していくことで、問いに対する論理的《ろんりてき》な答えになります。

アドバイス

読解《どっかい》問題で複数《ふくすう》の文章が出てきた場合、その関係に着目すると、次のような形になっていることが多いです。

類比《るいひ》…文章の中に共通点がある
対比…文章の中に対照的な点がある
具体化・抽象化《ちゅうしょうか》…一方の文章の内容を、もう一つの文章で具体的に説明したりまとめたりしている
発展《はってん》・展開…原因《げんいん》と結果、事実と主張《しゅちょう》の組み合わせになっている

これらの文章の関係をふまえ、問題を解《と》いていきましょう。

ナビゲーションつき練習問題②

問題 本冊30ページ

問 (1) Ⅰ 村の暮《く》らしを守る関係の世界の一員
Ⅱ かけがえのない
(2) イ

解説

この問題に登場する二つの文章は、ともに内山節《うちやまたかし》さんによって書かれたものです。このように、同じ筆者が書いた文章が取り上げられる場合には、二つの文章で主張《しゅちょう》されていることに**共通点**があることが多いです。

今回は、**【文章２】で別のエピソードを示《しめ》すことで、【文章１】の主張がより具体的に理解《りかい》できるようになっていました**。二つの文章で共通している筆者の主張に注意しながら読み進めましょう。

新傾向

問 (1) Ⅰ・Ⅱにあてはまることばをぬき出す問題です。設問《せつもん》で**【文章２】**からぬき出すことが指定されているので、**【文章２】**に注目しましょう。

Ⅰには、**「貢献《こうけん》」することとは何になることか**があてはまると考えられます。

【文章２】では、フランスのある山村に住む子どもたちが、村の仕事をこなすことで、「村の暮らしを守る関係の世界の一員」になっ

たと感じると述《の》べられています。村のためになる仕事、つまり**「貢献」をすることで**はじめて、**村の一員となれる**のです。
よって、Ⅰには、**「村の暮らしを守る関係の世界の一員」**があてはまります。

Ⅱには、**「何かに『貢献』していると感じられる労働」**は、自分たちがその社会にとって**どういう存在《そんざい》であると**実感させてくれるのかがあてはまると考えられます。
【文章２】で、フランスの山村では、誰《だれ》もが**村の暮らしを守るうえで必要な仕事**をしているため、**「誰もがかけがえのない村人」であると**述べられています。そして、その感覚に支《ささ》えられた人々は、**「自信と安心感」や「誇《ほこ》り」をもつ**ようになる、と筆者は主張しています。共同体や社会に**「『貢献』していると感じられる労働」**は、その共同体や社会において自分が**「かけがえのない」存在であると**いう感覚を与《あた》えてくれるのです。
よって、Ⅱには、**「かけがえのない」**があてはまります。

(2) **【文章１】**は、おもに「修業《しゅぎょう》」と「貢献」に意味をみいだす、伝統的《でんとうてき》な日本人の労働観と、そこから作り出される社会について述べられています。
また、**【文章２】**は、フランスのある山村に住む子どもたちが、村の仕事をこなすことで、「村の暮らしを守る関係の世界の一員」になったと感じるという、共同体（社会）に「貢献」する労働が生み出すものごとに対する具体的な例が述べられています。

これらをふまえて、五人の発言を見ていきましょう。

選択肢チェック

Aさん それに、「修業」と「貢献」を重視《じゅうし》するかつての日本の労働観は戦後失われたように見えるけれど、それは表面上のことで、私《わたし》たち日本人の精神《せいしん》の根底には人知れず誰かのために頑張《がんば》るという労働観が残っているんだね。

▶【文章１】の内容と合います。

Bさん そうだね。だから戦後のアメリカ的な労働のあり方を拒否《きょひ》して、収入確保《しゅうにゅうかくほ》を動機とする労働と、コミュニティのための労働を統一《とういつ》してとらえようとする動きが生まれたのか。

▶【文章１】の4段落で、戦後の日本は「自分のために働く」という点で「アメリカ化された」と述べているので一致《いっち》していません。

Cさん 筆者が訪《たず》ねたフランスの村では、大人も子どももコミュニティの生活を守るために不可欠《ふかけつ》な労働を受け持っているそうだけれど、これは上野村で「仕事」と呼《よ》ばれる労働の形に通じるものがあるよ。

▶【文章１】【文章２】の内容と合っています。

Dさん その、フランスの村の子どもたちは小さな仕事をこなすことで、コミュニティの生活を守るための人間関係のなかに参加していくわけだけれど、それが自分の存在意義《いぎ》に自信をもつことにもつながるんだね。

▶【文章2】の内容と合っています。

Eさん 日本の伝統的な労働観でも、そうした自分たちの住む世界につながる労働を中心に行って、収入のための労働はあくまで補助《ほじょ》として行うという形が理想とされていたようだよ。

▶【文章1】の内容と合っています。

よって、**Bさんの発言**が合っていないことがわかります。

アドバイス

記号問題を解《と》く際《さい》に、いきなり選択肢《せんたくし》だけを読み比《くら》べ、正解（と自分が思うもの）を選ぼうとするのはとても危険《きけん》です。記憶《きおく》に頼《たよ》らず、きちんと選択肢が文章と合っているかを確認《かくにん》しましょう。とくに**複数《ふくすう》の文章が示された問題の場合、それぞれの文章で似《に》ているけれど微妙《びみょう》にちがう内容《ないよう》を述べている場合もある**ので、注意が必要です。文章と選択肢の内容を照らし合わせるという作業をおろそかにせず、着実に正解していくことが、合格《ごうかく》につながります。

ナビゲーションつき練習問題③

問題 ▶ 本冊36ページ

問 例 人を差別する可能性《かのうせい》がある私《わたし》たちが他者と出会い、理解《りかい》しつながりたいと思いながらつき合っていること。（48字）

新傾向

解説

問 まず、二つの文章の内容《ないよう》をおさえましょう。

【文章1】では、人は誰《だれ》もが**差別をする可能性**があり、それは私たちがもつ「普通《ふつう》である」という**決めつけや思い込《こ》み**の中で生まれるものだということ、そして、いまその**決めつけや思い込み**の感覚を見直すべきであるということについて述《の》べています。

さらに、**【文章2】**では、岩井建樹《いわいたてき》さんの息子《むすこ》さんの「ユニークフェイス」にまつわる本の内容を通し、私たちがもつ**決めつけや思い込み**に対する考えを述べています。

ここから、**【文章1】で説明した内容について、【文章2】で具体的なエピソードを示《しめ》すことでさらにくわしく説明している**という二つの文章の関係が読み取れます。

これらをふまえたうえで、設問《せつもん》を見ていきましょう。

設問では、**【文章2】の――線部を、【文章1】のことばを使って説明する**ことが求められています。

――線部の後半の「つながりつづけよう」に着目し、**【文章1】**を見ていくと、**【文章1】**の13・14段落《だんらく》に、「他者とつながる」「他者を理解しつながりたい」ということばがあります。

よって、この13・14段落や、その前後の内容を、――線部と結びつけてまとめていくとよいでしょう。

13・14段落やその前後の内容をふまえると、――線部のことばは、次のように言いかえることができます。

- 均整《きんせい》がとれていないこころ…**人を差別する可能性**
- 交信しあっている…**つき合っている**

よって、――線部は、私たちは誰もが、**「人を差別する可能性」**をもっていて、**「人を差別する可能性」**の持ち主同士《どうし》が出会い、理解しつながりつづけようと、互《たが》いに**つき合っている**のではないかということを表現《ひょうげん》していると考えられます。この内容を、指定字数以内でまとめましょう。

アドバイス

比喩《ひゆ》を正しく読み解《と》くことは、文章読解の中でも重要なことです。たとえば、「均整がとれていないこころ」は、人のもつ**「こころ」の状態《じょうたい》**を、「均整がとれていない」という**顔の状態**を表すことばに重ねて表現しています。少し難《むずか》しい比喩でも、**どんなものごとが重なっているか**に気づけば、読み解きやすくなります。

ナビゲーションつき練習問題④

問題 本冊42ページ

問1 イ
問2 ウ

解説

理科的な説明文は、何について書かれている文章かをしっかりおさえて読み進めることが大切です。

何について説明しているのかを整理しないで、ただ文字を目で追っていくだけでは、読み終えたときに何もつかめないままになってしまいます。この問題の**【文章1】【文章2】**には、ともに**「流域《りゅういき》」**ということばが登場します。それぞれの文章で、「流域」についてどのようなことが説明されているのかを、丁寧《ていねい》におさえていきましょう。

新傾向

問1 **【文章1】**では、**「流域」**は、雨の水を川に変える地形であり水循環《みずじゅんかん》の基本《きほん》単位・流域生態系《りゅういきせいたいけい》、人の暮《く》らしまで含《ふく》めて考えれば流域生活圏《せいかつけん》ともいえる、と説明しています。

【文章2】の中で**「流域」**ということばが出てくるのは、**6段落《だんらく》**です。

【文章2】の6段落では、**いまの地図は行政的《ぎょうせいてき》な単位で区切られていて、人間はそれに基《もと》づく活動をおこなっているため、様々な災《さい》

害《がい》を筆頭に様々な不適応《ふてきおう》が起こっているが、「流域」という地形・生態系単位で考えて活動することが、生命圏再《さい》適応の鍵《かぎ》になる、と述《の》べられています。

筆者は、この**「流域」**という地形・生態系単位で人間の活動を考えることを、**「流域思考」**と呼《よ》んでいるのです。

よって、筆者が「流域」に着目する理由として、**行政的な単位で区切られた地図に基づく活動は、豪雨《ごうう》や水土砂災害《どしゃさいがい》に対して上手に適応することができない**から、と述べている**イ**が合います。

新傾向

問2 設問《せつもん》によると、選択肢《せんたくし》は、【文章1】【文章2】で述べられていることを比較《ひかく》した内容《ないよう》であるとあります。

筆者は【文章1】で、**自然に則《そく》した地形や生態系としての「流域」**について説明しています。

それに対して、【文章2】では、**「流域」という存在《そんざい》をどのようにして人間の活動に活《い》かしていけばよいのか**を提案《ていあん》しています。

これらをふまえて、選択肢を見ていきましょう。

選択肢の前半は、【文章1】の内容、後半は【文章2】の内容について述べています。前半と後半のどちらかだけでなく、それぞれの内容が両方とも合っているかどうかを、きちんとチェックしましょう。

選択肢チェック

ア ×【文章1】が地球全体の自然環境《かんきょう》を守るという視点《してん》から流域生態系の重要性《じゅうようせい》を述べているのに対し、○【文章2】は人間の暮らしを守るという視点から流域生活圏の重要性を述べている。

▶【文章1】は「地球全体の自然環境を守るという視点」については述べていないので合いません。

イ ○【文章1】が地球内部にも浸透《しんとう》する水資源《みずしげん》の立場から流域という考え方の重要性を述べているのに対し、×【文章2】は地表に存在する水資源の立場から流域の考え方の重要性を述べている。

▶【文章2】は、「地表に存在する水資源の立場」については述べていないので合いません。

ウ ○【文章1】が地球規模《きぼ》で考えた水循環の中で流域の果たす役割《やくわり》の重要性を述べているのに対し、○【文章2】は地球規模での防災《ぼうさい》や環境保全《ほぜん》を考える上で流域の果たす役割の重要性を述べている。

▶【文章1】【文章2】の内容と合います。

エ ×【文章1】が科学的な思考過程《かてい》により地球上の海や川の

流域の重要性を述べているのに対し、×【文章２】は脱《だつ》科学的な思考過程により、流域を地図上に表示《ひょうじ》することの重要性を述べている。

▶【文章１】【文章２】の内容と合いません。

よって、正解《せいかい》は**ウ**です。

アドバイス

この問題の二つの文章は、**発展《はってん》・展開《てんかい》**の関係になっています。**【文章１】**に書かれた**事実**をもとに、**【文章２】**に書かれた**筆者の主張《しゅちょう》**をよりくわしく説明しているのです。このような組み合わせの文章を読む場合、どの部分が事実で、どの部分が筆者の主張なのかをきちんとおさえる必要があります。「……には反対です」「……と考えます」といった、**自分の考えを示《しめ》す述語《じゅつご》で締《し》めくくられている文**は、おおむね筆者の主張だと考えてよいでしょう。

入試問題にチャレンジ

問題 ▶ 本冊48ページ

問1　エ

問2　エ

解説

問1　まず、【文章１】【文章２】の内容《ないよう》を整理します。

【文章１】は、鴻上《こうかみ》さんと佐藤《さとう》さんの対談になっていて、二人は、コロナ禍《か》の中でよりはっきりと浮《う》かびあがってきた、日本の**「世間」と「同調圧力《あつりょく》」**の問題について語っています。

この**【文章１】**のように、複数人《ふくすうにん》が特定の議題について話した座《ざ》談会《だんかい》の内容がそのまま書かれた**「対話文」**は、たまに入試問題の素《そ》材《ざい》として出題されることがあります。

このような対話文には、読者に、問題を解決《かいけつ》するための議論《ぎろん》にいっしょに参加しているような気分にさせる効果《こうか》があります。会話参加者の意見が一致《いっち》しているのか、それとも対立しているのか、といった**議論のつながりに注意して読み進め、最終的な会話の結論を読み取っていくこと**が大切です。

まず、二人は、「世間」と「社会」はどこが違《ちが》うのか、という問題に対して、

- 社会…自分と関係のない人たちが存在《そんざい》している世界
- 世間…自分の関わりのある人たちだけで形成される世界

だと語っています。

そのうえで、日本人は昔から社会に対する意識《いしき》がうすい一方で、世間を強く意識してきたと言っています。そのため、日本人は**世間の目を非常《ひじょう》に気にする性質《せいしつ》**であり、日本人の集団《しゅうだん》の中では、みんな同じように行動するよう暗黙《あんもく》のうちに強制《きょうせい》する**「同調圧力」が強い**のです。

結果として、

- **日本人**は、震災《しんさい》の混乱時《こんらんじ》など、法のルールが崩壊《ほうかい》したときでも**冷静で整然と行動できる**…＋《プラス》
- 「世間」をまったく意識しない**欧米《おうべい》**では、法のルールが崩壊すると略奪行為《りゃくだつこうい》などが起きてしまう…－《マイナス》

という現象《げんしょう》が起きるのです。

ただしその一方で、

- 日本では**同調圧力が強すぎて**、「自粛警察《じしゅくけいさつ》」など、多くの人と異《こと》なった行動をとる人に対する強烈《きょうれつ》な**排除《はいじょ》や監視《かんし》、差別や偏見《へんけん》などの動きが生まれやすい**…－《マイナス》

といった問題も発生してしまう、と二人は語っています。

…………………………………………

【文章2】では、コロナ禍などの**危機《きき》の中の、専門的知見《せんもんてきちけん》の活用**について述《の》べています。

この文章には、筆者の強い**問題意識**が反映《はんえい》されています。特に、文章前半では、「不具合が生じた」「機能《きのう》しなかった」「あいまいなまま、対応《たいおう》が進んでいく」などの表現《ひょうげん》で、現在の専門的知見の活用状況《じょうきょう》に対する**批判的《ひはんてき》な考え**がはっきりと示《しめ》されています。

- 日本は、社会的な**「同調圧力」(みんな同じように行動するよう暗黙のうちに強制する圧力)が強い**
- 危機がおとずれても、力を合わせてがんばり、**内輪の「場の力」にまかせる形で難局《なんきょく》を乗り切ることができる**…＋《プラス》

一方それゆえに、**内輪の「場の力」**に頼《たよ》り過《す》ぎ、

- どのようなときでも同じように普遍的《ふへんてき》な力を発揮《はっき》する科学や技術《ぎじゅつ》の**専門的知見をおろそかにしがち**…－《マイナス》

という欠点を抱《かか》えている、という説明がなされています。

よって、**【文章1】【文章2】**ともに、日本人の集団は**「同調圧力」が強く**、危機のときには**整然と行動し、難局を乗り切ることができる**という**よい面(＋)**があるが、周りと異なる行動をとる人に対する**排除や差別**が生まれやすく、**内輪の「場の力」に頼り過ぎて**、普遍的な科学や技術の**専門的知見をおろそかにしやすい**という**悪い面(－)**をもつ、と述べているとわかります。

問1 は、**【文章1】【文章2】**をふまえた「**同調圧力**によって起こる行為」についての発言の中で、合わないものを探《さが》します。

選択肢チェック

ア 同調圧力でスマホを持つこともあるんじゃないかな。周りのみんながスマホでやりとりをしていると、自分もスマホを持たないといけない気分になるよ。

▶ みんなと同じように「スマホを持たないといけない気分」になって、自分も持つようになるのは、同調圧力によって起こる行為といえます。

イ スポーツの先輩《せんぱい》・後輩の関係もそうだよね。練習メニューなんかをもう少し合理的にしようと提案《ていあん》したら、うちの伝統《でんとう》だと反対されるのもそうかな。

▶ 先輩に、自分たちがやってきたのと同じ練習メニューを強制されるのは、同調圧力によって起こる行為といえます。

ウ いい部分もあるって言っていたね。多くの人が率先《そっせん》してマスクをしているのは、同調圧力の影響《えいきょう》とも考えられるよ。マスクの着用率《ちゃくようりつ》が高いことが海外の人から驚《おどろ》かれているんだってさ。

▶ マスク着用率が上がっているのは、みんながマスクをつけているから自分も着用しなければならない、という同調圧力の結果といえます。

エ 他にも治安の良さや礼儀《れいぎ》正しさがいい部分なんじゃない。日本だと、落とした財布《さいふ》が自分の手元に戻《もど》る可能性《かのうせい》が高いって、僕《ぼく》も海外の人から聞いたよ。

▶ 「落とした財布が戻ってくる」ことは、同調圧力とは無関係です。

オ 犯罪率《はんざいりつ》の低さも監視《かんし》の目があるからかしら。でも、募金《ぼきん》した有名人がネットで偽善《ぎぜん》だ売名だと大勢《おおぜい》からたたかれることがあるのは、同調圧力の悪いところね。

▶ 募金などのよいことであっても、みんなと異なる行動をとれば批判《ひはん》される、というのは、同調圧力の結果といえます。

よって、正解《せいかい》は**エ**です。

問2 **【文章1】【文章2】**から読み取れる内容をふまえて、選択《せんたく》肢《し》を見ていきましょう。

選択肢チェック

ア 日本では周囲《しゅうい》と同じように行動するように強《し》いる空気から、差別やバッシングが起きるのに加え、他国同様、ムラ意識の強さにより専門家の意見を一つにまとめて政治《せいじ》の中《ちゅう》枢《すう》と密接《みっせつ》に連携《れんけい》することがさまたげられる。しかし、専門家の意見は未来のデザインのために必要になるはずだ。

▶そのような内容は【文章1】【文章2】には書かれていません。

イ　日本では「空気を読め」という風潮《ふうちょう》によって、異論《いろん》を許《ゆる》さない息苦しさが国全体を包んでいるとはいえ、×社会的同調圧力によるプラスの効果である現場のがんばりや人々の絆《きずな》で、専門家なしでも今後も問題は解決《かいけつ》していくことだろう。したがって、この先の日本社会や組織《そしき》は希望に満ちている。

▶【文章2】には、さらに大規模《だいきぼ》な危機が生じた時に対応しきれなくなるのではないかという筆者の懸念《けねん》が書かれています。

ウ　×日本では食べ物の貸《か》し借りが自然に行われるなど、隣近《となり》所の論理が身内である人々の生活を守ってくれる反面、この論理は、その道でうまくやっていくという専門的技能《ぎのう》を身につけるには不適切《ふてきせつ》である。したがって、今後は組織や世間を大きく作り変える努力が不可欠になっていくことだろう。

▶【文章1】で、現代の日本ではすでに、「『世間』（＝隣近所の論理）が中途半端《ちゅうとはんぱ》に壊《こわ》れて」きている、と述《の》べられています。

エ　○日本では警察《けいさつ》が機能しないような危機的状況《じょうきょう》になったとしても、同調圧力により世間に治安が保《たも》たれる一方で、そのような○同調圧力が強力であるあまり、専門的知見を用いることが阻害《そがい》される。しかし、専門的知見は、問題解決や将来《しょうらい》の在《あ》り方を考えていくのにたいへん重要である。

▶【文章1】【文章2】の内容と合っています。

よって、正解《せいかい》は**エ**です。

アドバイス

【文章1】と**【文章2】**は、それぞれ細かい内容は異《こと》なっていますが、どちらも**「日本人の意識に深く根ざしている同調圧力」**について述べている、という点が共通しています。

複数《ふくすう》の文章を読み取る読解問題では、それぞれの文章の内容や関《かん》係性《けいせい》を正しく理解しなければなりません。国語の読解問題に取り組むにあたって、「手っ取り早く傍線部《ぼうせんぶ》のあたりだけを読めばよい」、「強調しすぎることばがふくまれていれば、その時点でその選択肢は×と判断する」などといった、安易《あんい》で乱暴《らんぼう》な解《と》き方をしてしまう人もいますが、特に複数の文章の内容や関係性をつかむ必要のある問題に対しては、そのような解き方はまったく通用しません。**文章の内容を正しく理解する**という読解の本質《ほんしつ》に向き合い、丁寧《ていねい》に読み進めていきましょう。

3 ノート・メモの問題

問題 本冊54ページ

例題

問1 Ⅰ 調理　Ⅱ 独占《どくせん》　Ⅲ 共食

問2 エ

解説

問1 項目《こうもく》から、Ⅰは、人間の「食材」のあつかい方、Ⅱはサルの「食事のとり方」、Ⅲは人間の「食事のとり方」に関連しているとわかります。人間はサルと違《ちが》い、食材を**「調理」**して食べます。また、サルは強い個体《こたい》が食物を**「独占《どくせん》」**して食べますが、人間は仲間の元にもち寄《よ》って**「共食」**しようとします。

問2 前後の内容《ないよう》から、□には、サルと比《くら》べた、食に関する人間の特徴《とくちょう》があてはまると考えられます。人間はサルと違い、**「調理」**することで「多様な食材を手に入れることができ」ました。また、仲間と「共食」することで、食事を「コミュニケーション」の手段《しゅだん》として利用してきたのです。よって、**エ**が合います。

ナビゲーションつき練習問題①

問題 本冊56ページ

問 (1) Ⅰ 記憶《きおく》にひっかかるフック　Ⅱ いろいろな記事を、航空図《こうくうず》のように一覧《いちらん》できる良さ

(2) ①

解説

この文章は、**新聞とネット（インターネット）の対比《たいひ》**がテーマになっています。文章の大半で新聞のメリットを説明しているので、筆者が、ネットのすぐれている点を認《みと》めつつも、**新聞のよさ**を読者に強調しているのだということがわかります。

新傾向 問 (1) 「新聞」と「ネット（インターネット）」のちがいをまとめた表をうめる問題です。

Ⅰ・Ⅱをふくむ上のらんは、右端《みぎはし》の項目名《こうもくめい》から、両方とも**新聞の特徴《とくちょう》**であり、Ⅰは、ネットの「メリハリがなく、記憶に残りにくい」ことに、Ⅱは、ネットの「順番に一つずつしか見ていけない」ことに対応《たいおう》しているとわかります。

新聞のメリットについては、3～13段落《だんらく》で、ネットとの対比を交えて述《の》べられています。

ネットは、「全部が横書きの同じパターンで出てくるので、メリハリがなく、記憶に残りにくい」と述べています。一方、新聞は「レ

イアウトがいろいろ」なので、**「記憶にひっかかるフック」**がたくさんあるのです。

また、ネットは、「順番に流して見ていくことしかでき」ない一方で、新聞には、さまざまな情報《じょうほう》を一目で見渡《みわた》すことができ、その中でちがいや重要度が高いか低いかを判断《はんだん》できる**「一覧性《いちらんせい》」**があると述べています。この**一覧性**のことを、筆者は**「いろいろな記事を、航空図のように一覧できる良さ」**だと述べています。

(2) 表の右端の項目名から、**X**には新聞を使用するのに適《てき》した状況《じょうきょう》の具体例があてはまると判断できます。

新聞は、**さまざまな情報を一目で見渡す**ことができ、**その中でちがいや重要度が高いか低いか**を判断できる**「一覧性」**を特徴としてもっています。

よって、「投票の前に、選挙の立候補者《りっこうほしゃ》の公約を**ざっと見て比較《ひかく》し、頭に入れておきたい**」という**【例①】**が、新聞を使用するのに適している例だと考えられます。

ちなみに、**【例②】**「調べ学習のために、テーマに関わる記事を**三十年ほど前までさかのぼって集めたい**」は、ネットが得意《とくい》とする**「過去《かこ》の記事の検索《けんさく》」**が力を発揮《はっき》する状況であり、**Y**にあてはまる例だと考えられます。

ポイントチェック

新聞の特徴

新聞	ネット
見出しの位置や大きさ、記事の場所や形がさまざま	全部が横書きの同じパターンで出てくる
(たとえるなら)いろいろな形の家がさまざまなレイアウトで存在《そんざい》するような街なみ	(たとえるなら)同じ形の家がずっと続いていくような整理された街なみ
Ⅰ 十一字 が多い	メリハリがなく、記憶《きおく》に残りにくい
Ⅱ 二十三字 がある	順番に一つずつしか見ていけない
図書館で複数《ふくすう》の新聞を広げなければならない	過去の記事の検索が容易《ようい》である
X	

上下のらんで対照的《たいしょうてき》な特徴を並《なら》べている

アドバイス

ノート・メモの問題は、視覚《しかく》的になじみの薄《うす》い形式であることから、つい敬遠《けいえん》してしまう受験生も多いのではないでしょうか。しかし、ふつうの読解《どっかい》問題では、自ら頭の中で文章の内容《ないよう》を整理して答えを考える必要があるのに対して、**ノート・メモの問題は、あらかじめある程度《ていど》、文章の内容を整理し、表や図で示《しめ》してくれている**、と考えれば、逆《ぎゃく》にオトクな問題と言えます。苦手意識《いしき》にとらわれず、まずはチャレンジしてみましょう。

ナビゲーションつき練習問題②

問題 ▶ 本冊60ページ

問

(1) **A 5　B 5　C 5**
D 5　E 5　F 0

(2) **つまり、寄《き》**

(3) **水のキラキラした反射《はんしゃ》にコオロギが反応《はんのう》しているのではないか(28字)**

解説

新傾向

問 (1) 4〜7段落《だんらく》の実験をもとに、ハリガネムシに**寄生《きせい》されたコオロギ10匹《ぴき》**と**寄生されていないコオロギ10匹**を用意した場合に予測《よそく》できる結果をまとめた表の、空らんをうめる問題です。

4〜7段落では、ハリガネムシに「寄生されたコオロギの行動」についての二つの**実験結果**が説明されています。

☑ 一つ目の実験

● 「寄生されたコオロギ」と「寄生されていないコオロギ」に分類したうえで、同じ行動をさせる

● それぞれ**半々**が「水のある方」「水のない方」に進む

＝これによって、寄生されているからと言って水に向かう性質《せいしつ》があるわけではないということがわかる

● 「水のある方」に進んで出口に出ると、「寄生されていないコオロギ」は**水に飛び込《こ》まない**のに対して、「寄生されたコオロギ」は**ほぼ100%**水に飛び込む

☑ 二つ目の実験

● 水は置かずに、単純《たんじゅん》に光に反応するかという実験

＝寄生されたコオロギは光に反応する行動が見られた

これらの内容をふまえると、この表は、一つ目の実験を再現《さいげん》した結果をまとめたものだと考えられます。

ハリガネムシに**寄生されたコオロギ10匹**と**寄生されていないコオロギ10匹**で実験した場合、結果は次のようになります。

道の分岐《ぶんき》まできた場合、寄生されたコオロギ10匹のうち、

● 出口に水がある道に進むのは、**半分の5匹**(＝A)

● 出口に水がない道に進むのは、**半分の5匹**(＝B)

寄生されていないコオロギ10匹では、

● 出口に水がある道に進むのは、**半分の5匹**(＝C)

● 出口に水がない道に進むのは、**半分の5匹**(＝D)

さらに、出口に水がある道に進んだあとで、寄生されたコオロギが水に飛び込む確率《かくりつ》は**ほぼ100%**なので、寄生されたコオロギ**5匹**のうち、水に飛び込むのは**5匹**(＝E)、寄生されてい

ないコオロギは**水に飛び込まない**ので、寄生されていないコオロギ**5匹**のうち、水に飛び込むのは**0匹**（＝[F]）と考えられます。

(2) [A]～[D]の結果とは、**道の分岐まで進んだコオロギの行動**をもとにした結果です。分岐の時点では、「寄生されているコオロギも、寄生されていないコオロギも、水のある方にもない方にも半々に行きます」と述《の》べられています。

よって、ここから**「寄生されているからといって水に向かう性質があるわけではない」**ということがわかります。

これと同内容の、18行目にある一文のはじめの五字をぬき出しましょう。

(3) [E]～[F]の結果とは、水がある出口まで進んだコオロギの行動をもとにしたものです。

- 寄生されていないコオロギは**水に飛び込まない**
- 寄生されたコオロギは**ほぼ１００％水に飛び込む**

という結果になっています。

ここから、寄生されているコオロギは、**直接《ちょくせつ》水を前にすると、ほぼ１００％水に飛び込んでいる**、ということがわかります。

よって、実験を行った研究者たちは、ハリガネムシに寄生されたコオロギは**「水のキラキラした反射」**に**「反応している」**のではないかという仮説《かせつ》を立てているのです。これと同内容の、25行目のことばをぬき出しましょう。

ナビゲーションつき練習問題❸

問題 本冊64ページ

問
Ⅰ　新女王アリ
Ⅱ　オオバギ種の実生
Ⅲ　光などの条件《じょうけん》
A　ウ　B　ア

解説

説明的文章を読む際《さい》には、**「疑問《ぎもん》(問題提起《ていき》)」**と**「結論《けつろん》(答え)」**に注意して読んでいくようにします。この文章では、[3]段落《だんらく》で「同じような特徴《とくちょう》をもつアリ植物が、同じ環境《かんきょう》に複数《ふくすう》種生息しているにもかかわらず、なぜ、アリ種が混《ま》ざることなく、パートナーのアリ種のみと共生関係を維持《いじ》できるのでしょうか？」という「疑問」が示《しめ》され、あとの部分にその「結論」が書かれていました。

新傾向

問　文章中の実験と、野外調査《やがいちょうさ》から考えたことをまとめた表の空らんをうめる問題です。

まず、実験全体の流れを整理します。

- 複数の植物が同じところに生息しているのに、アリがまちがえずに一つの植物と共生関係を維持できるのはなぜか？

↓ **栽培《さいばい》したオオバギ種の実生**を使って、**新女王アリ**がどのオオバギ種を選ぶか観察する実験を行った

＝アリが触覚《しょっかく》を使って植物の表面の物質《ぶっしつ》を確認《かくにん》して、定着するオオバギ種の実生を選んでいることがわかった

●野外…オオバギA種＋アリA種、オオバギB種＋アリB種という組み合わせで定着する

●栽培実験…オオバギA種＋アリB種、オオバギB種＋アリA種という組み合わせで定着することもある

また野外の場合、オオバギA種・B種のうち、片方《かたほう》は明るい環境《かんきょう》に生息し、もう片方は比較的《ひかくてき》暗い環境に生息しています。

そこで筆者は、実験の結果などをふまえて、アリが植物の表面の物質だけでなく、**野外の光などの条件《じょうけん》も参考にして共生相手を選んでいるのではないか**という仮説《かせつ》を立てています。

栽培実験の場合は、光などの条件が異《こと》なったので、アリは野外では共生しないオオバギ種に定着してしまったのです。

これらをおさえたうえで、□にあてはまる内容《ないよう》を考えます。

まず、Ⅰ・Ⅱは、おもに「今回の実験の目的」と「実験の方法」のらんにあります。

「今回の実験の目的」と「実験の方法」は、栽培した**オオバギ種の実生**を使って、**新女王アリ**がどのオオバギ種を選ぶか観察することです。

よって、Ⅰには**「新女王アリ」**、Ⅱには**「オオバギ種の実生」**があてはまると考えられます。

Ⅲは、実験結果を野外調査と比《くら》べて「考えたこと」のらんにあります。

筆者は、実験結果を野外調査と比べて、アリが植物の表面の物質だけでなく、**野外の光などの条件も参考にして共生相手を選んでいるのではないか**という仮説を立てています。

よって、Ⅲには**「光などの条件」**があてはまると考えられます。

Aは、「研究のテーマ」、Bは、実験結果を「野外調査と比べてわかったこと」のらんの内容です。

今回の実験の元になった筆者の「研究のテーマ」は、植物とアリの間には共生関係があるが、複数の植物が同じところに生息しているのに、**アリがまちがえずに一つの植物と共生関係を維持できるのはなぜか**？ということです。

また、4段落で、植物アリとオオバギの間で、共生する種の組み合わせが決まっていることを、**「種特異性《しゅとくいせい》」**とよぶと述《の》べられています。

よって、「研究のテーマ」は、複数の植物が同じところに生息しているのに、オオバギとアリの間の**「種特異性」**が維持できるのはなぜか、と言いかえることができます。

ここから、Aには**ウ「種特異性がどのように保《たも》たれるのかを解明《かいめい》すること」**があてはまると考えられます。

実験結果を「野外調査と比べてわかったこと」は、野外の場合、オオバギA種＋アリA種、オオバギB種＋アリB種という組み合わせで定着するにも関わらず、この栽培実験では、オオバギA種＋アリB種、オオバギB種＋アリA種という組み合わせで定着することもあった、ということです。

よって、[B]には**ア「野外ではオオバギA種にアリA種が定着したが、栽培実験では野外の結果に加え、オオバギA種にアリB種も定着した」**があてはまると考えられます。

アドバイス

文章を読むときは一文ずつ、主語と述語《じゅつご》をしっかり確認しながら、内容を理解したうえで、次の文に進んでいくのが原則《げんそく》です。特に、この問題の文章のような、**何らかの実験や観察結果について語っている理科的な文章は、実験・観察の経過《けいか》を正しくつかむことが重要**になっているので、安易《あんい》に途中《とちゅう》を読み飛ばすのはおすすめできません。ねばり強く丁寧《ていねい》に読み進めていきましょう。

ナビゲーションつき練習問題❹

問題 本冊68ページ

問

(1) Ⅰ 例 生態系《せいたいけい》のバランスを考えずにシカの保護《ほご》だけを優先《ゆうせん》してしまったから。

Ⅱ 例 資源《しげん》の無《む》駄《だ》遣《づか》いを抑《おさ》えよう。

(2) 例 スズメは農作物だけでなく、農作物に被害《ひがい》をおよぼす害虫も食べていたので、スズメがいなくなったことで害虫が大量発生してしまったから。

(3) 例 利益《りえき》と不利益の両方を比《くら》べて、どちらが総体《そうたい》として有利か十分に検討《けんとう》するように大きな視点《してん》をもって環境《かんきょう》問題に向き合うべきである。(60字)

新傾向

解説

問 (1) [Ⅰ]には、C(＝[6]段落《だんらく》)の事例の**【要因《よういん》】**が、[Ⅱ]には、D(＝[7]段落)の事例の**【意図】**があてはまります。

Cの事例は、生態系《せいたいけい》のバランスを考えずに、**「シカを保護《ほご》しよう」**としたため(**【要因】**)に発生しました。

Dの事例は、**「資源の無駄遣いを抑えて環境を改善《かいぜん》しよう」**と人間が考えたこと(**【意図】**)で発生しました。

これらの内容《ないよう》を、同じ項目《こうもく》の他の事例と表現《ひょうげん》を合わせる形でまとめるとよいでしょう。

ポイントチェック

	A
【事例】	害虫と殺虫剤《さっちゅうざい》
【意図】	害虫を殺《ころ》そう。
【行為】	殺虫剤をまく。
【結果】	天敵《てんてき》まで殺してしまい、害虫が大発生する。
【要因】	殺虫剤が害虫だけに効《き》くと早合点していたから。

【事例】
どういう事例か

【意図】
なぜそうしようと考えたのか

【行為《こうい》】
どのようなことをしたのか

【結果】
結果的にどうなったのか

【要因】
どうしてこうなったのか

(2) A〜Dの事例は、環境問題を「単純化《たんじゅんか》して考え」た結果、起こった問題の具体例です。

よって、この中国のスズメの駆除《くじょ》から発生した結果も、**環境問題を「単純化して考え」たために起こったこと**だと考えられます。

スズメは、農作物だけでなく、**農作物につく害虫も食べる**生き物です。よって、**スズメを大量に駆除した結果、害虫が大量発生してしまい、農作物により大きな被害《ひがい》が出た**と考えられます。

スズメをとりまく食物連鎖《れんさ》の関係を**単純化**して考えて、人間の力で操作《そうさ》しようとした結果、A〜Cの例と同じく、生態系のバランスがくずれ、思いもかけぬ結果を生み出したのです。

この内容を、簡潔《かんけつ》にまとめましょう。

ちなみに、このスズメの事例を、A〜Dと同じように表に直すと、次のようになると考えられます。

【事例】	スズメと農作物
【意図】	農作物を守ろう。
【行為】	スズメを駆除する。
【結果】	スズメが食べていた害虫が大発生し、農作物の収穫が減る。
【要因】	スズメは農作物だけを食べると早合点していたから。

(3) 9段落で、筆者は

- **どんな行為にも利益と不利益が生じる**こと
- 片方《かたほう》だけを取り上げるのではなく、両者を比べて、**どちらが総体として有利か**十分検討すること

の大切さを訴《うった》えています。

これらの内容を、指定字数でまとめましょう。

入試問題にチャレンジ

問題 本冊72ページ

問

Ⅰ 場所　Ⅱ 自在《じざい》な場面転換《ばめんてんかん》

Ⅲ 和服（着物）

Ⅳ さまざまな役柄《やくがら》を違和感《いわかん》なく演《えん》じわける

Ⅴ 正座《せいざ》　Ⅵ 下半身

解説

問 「落語」における**「引き算の美学」**についてまとめた表の空らんをうめる問題です。

文章のはじめで、**「引き算の美学」**とは、「余計《よけい》な情報《じょうほう》をあえて**省《しょう》略《りゃく》することで、**かえって**脳内《のうない》のイメージを補完《ほかん》しやすくする**」という表現技法《ひょうげんぎほう》のことだと説明しています。

さらに、落語において**「引き算の美学」**とは、どのようなことを指しているかは、——線部直後から説明されています。「舞台《ぶたい》」→「衣装《いしょう》」→「正座《せいざ》」という流れで、落語の表現の特徴《とくちょう》の説明が、具体的な例を通して書かれていることをおさえましょう。

Ⅰ・Ⅱは、**舞台装置《ぶたいそうち》**の「引き算による効果《こうか》」のらんにあります。

落語の舞台には、「大掛《おおが》かりな舞台セット」を置かないことで、「かえって**場所は制限《せいげん》されなくなり、自在《じざい》な場面転換《てんかん》が可能《かのう》となる**」という効果があります。

よって、Ⅰには**「場所」**、Ⅱには、**「自在な場面転換」**があてはまります。

Ⅲは、**衣装**の「引き算による効果」のらんにあります。

落語を演《えん》じるときの衣装は、常《つね》に**「和服」**（着物）であり、「役柄《やくがら》に即《そく》した特定の衣装を使用しないことで、**さまざまな役柄を違和感《いわかん》なく演じわける**ことができるようになる」という効果があります。

ここから、Ⅲには**「和服」**（着物）、Ⅳには**「さまざまな役柄を違和感なく演じわける」**があてはまります。

Ⅴ・Ⅵは、落語家の**体勢《たいせい》**の「引き算の仕方」のらんにあります。

落語家は、**「正座」**姿で演じることにより、**「下半身の省略《しょうりゃく》」**をしています。

正座をして**下半身**が見えない状態《じょうたい》で、身振《みぶ》り手振りをしてみせると、観客は頭の中で「省略された**下半身**を補完《ほかん》」してくれます。

そのため、落語家は、立ったり、座《すわ》ったり、走ったり、宙《ちゅう》づりになったりしている状態をも演じることができるのです。

よって、Ⅴには**「正座」**、Ⅵには**「下半身」**があてはまります。

4 自由記述の問題

問題 本冊76ページ

例題

問1 例 私《わたし》が一番好きな季節は、秋です。秋はおいしい食べ物もたくさんあるし、気候もよく、とても過《す》ごしやすいと思うからです。（56字）

問2 例 私は、あいさつには人間関係をよくする効果《こうか》があると思います。他のクラスの子にあいさつしていたら、ふだんもよく話すようになり、友達になれたことがあるからです。あいさつをすると、人と仲良くなれるのです。（98字）

解説

問1 記述《きじゅつ》のテーマは、**自分の「一番好きな季節」**です。「その季節が好きな具体的な**理由**」を書き、六十字以内の字数でまとめます。指定字数が少ないので、①自分の考える**一番好きな季節**を示《しめ》し、②その季節が好きな具体的な**理由**を書く、などの**二段階構成**《にだんかいこうせい》にすると書きやすいでしょう。

問2 記述のテーマは、**自分の考える「あいさつ」の効果**です。自分の**体験や見聞きしたこと**を交えて、八十字以上一〇〇字以内の字数で書きます。①**自分の考える「あいさつ」の効果**を簡潔《かんけつ》に書き、②自分の**体験や見聞きしたこと**を交えてくわしく説明し、③**まとめる**、などの構成にするとよいでしょう。

ナビゲーションつき練習問題①

問題 本冊78ページ

問 例 読書やニュース、対話などを通して自然についてのさまざまな考えを知り、自分も自然の一部であると考えることで、自然を大切にできるようになる。

解説 新傾向

問 この問題では、文章の最後にある「どうしたら人間の欲望をコントロールして、自然や人々との共存《きょうぞん》を実現《じつげん》することができるのでしょうか」という問いかけに対する自分の考えを、

- **人間の欲望をコントロールするために必要なこと**
- **人間の欲望をコントロールすることによって実現できること**

という構成《こうせい》で、**例**を挙げて書くことが求められています。

4・5段落《だんらく》では、人間の欲望のよい面と悪い面が書かれています。自然について**知りたい**、平和に共存できる社会を**作りたい**、という欲望によって、大きく社会が発展してきた一方で、豊《ゆた》かで快適《かいてき》な暮《く》らしが**したい**、自分の民族や国家の利益《りえき》を**追求したい**、という欲望によって、**自然破壊《はかい》や争いなど**の大きな問題が引き起こされてきた、とも書かれています。

ここから、人間の欲望とは、**「～をしたい」という考え**のことであり、その考えがどういうものであるかによって、よいことも悪いことも起こる、ということがわかります。

また、人間の欲望をコントロールできるようになれば、人間の欲望から引き起こされた、**自然破壊や争いなど**の悪いことも改善《かいぜん》・制《せい》御《ぎょ》できるようになると考えられます。

これらをもとに、**例**を挙げながら、自分なりの答えを書きましょう。

アドバイス

自由記述《きじゅつ》への苦手意識《いしき》をなくすには、日ごろからさまざまなことに対して、**自分なりの意見をもつ習慣《しゅうかん》**をつけておくとよいでしょう。日常的《にちじょうてき》にものごとを深く考えるクセがついていれば、試験時に自分の考えや意見を求められても慌《あわ》てずにすみます。さらに、**問題をしっかり読んで、どういった答えが求められているかをきちんとつかむように心がける**と、答えを書きやすくなるでしょう。

ナビゲーションつき練習問題❷

問題 本冊80ページ

問

例 日本が鎖国《さこく》を続けられた理由に関心があり、当時の欧米諸国《おうべいしょこく》のようすを調べ、外国側も日本に力を伸《の》ばせなかったことがわかった。（59字）

解説

新傾向

問 この問題では、**「端緒知《たんしょち》」**が**「実践知《じっせんち》」**に深まったあなたの**具体的な体験やエピソード**を書くことが求められています。

また、文の数は制限《せいげん》しない、書き出しを一字下げてはいけない、文章中に出てきた具体例を用いてはいけない、常体文《じょうたいぶん》（「だ」「である」）を使う、という条件《じょうけん》が指定されています。

9～11段落《だんらく》に、**「端緒知」**とは、いろいろな知識《ちしき》に触《ふ》れて、**何かを知ること**、**「実践知」**とは、自分なりの**疑問《ぎもん》や課題**をもち、**調査《ちょうさ》などをして、知識を深めていく**こと、とあります。

あるものごとを知ったあとで、それに対して自分なりの**疑問・課題をもち、調査などをすることで、知識を深めていった具体的な体験を**、指定字数でまとめましょう。

文章の14段落には、筆者自身の「端緒知」が「実践知」に深まった体験が書かれているので、ここも参考にするとよいでしょう。

ポイントチェック

例　日本が鎖国を続けられた理由に関心があり、当時の欧米諸国のようすを調べ、外国側も日本に力を伸ばせなかったことがわかった。

端緒知

実践知に深まった具体的な体験

アドバイス

自由記述《きじゅつ》で書くことを求められる「体験やエピソード」は、できるだけ身近なことから考えるようにしましょう。無理にドラマティックなすごい話をひねり出そうとせず、家や学校での生活や、家族や友人との会話などの、何気ない身のまわりのできごとから、あてはまるものがないかを探してみることが大切です。

日常のできごとなど、文章の題材にしてもつまらないのではないか、答えとして評価《ひょうか》されないのではないか、と思うかもしれません。しかし、**身近な話だからこそ、説得力《せっとくりょく》のある内容《ないよう》が書けます**。身近なできごとのもつ意味を、意識して考えてみましょう。

ナビゲーションつき練習問題③

問題 本冊84ページ

問

例　私《わたし》は反対です。なぜならこの人は自分の本心に従《したが》って行動していないので、自分の行動を後悔《こうかい》してしまうおそれがあるからです。本文の筆者は「感《かん》情《じょう》」と「意見の相違《そうい》」についてしっかりとした考えを持っていないと後悔してしまうことがあると述《の》べています。私も相手に遠慮《えんりょ》して自分の言いたいことが言えずに情《なさ》けない気持ちになった経験があるので、感情に流されず意見をはっきり言えるようになりたいです。（186字）

解説

新傾向

問　この問題では、友達から遊びに行こうと誘《さそ》われたときに、本心ではその遊びに興味《きょうみ》がないのに参加するという行動に**賛成《さんせい》か反対か**を書くことが求められています。

また、そのように考える**根拠《こんきょ》**を書く、一五〇字以上二〇〇字以内で書く、改行はしない、という条件《じょうけん》が指定されています。

設問《せつもん》の事例は、8段落《だんらく》の**「遠慮」**によって起きる問題に関わることだと考えられます。相手の感情を害することをおそれるあまり、言うべきことを言えないで後悔するという問題です。

文章で筆者は、人は誰《だれ》でも、自分のことを認《みと》めてほしい、という欲求《よっきゅう》を持つものだが、意見を否定《ひてい》することは人格《じんかく》を認めないということではない、と述べています。そして、どのように言えばいいか、という**「表現《ひょうげん》」への意識《いしき》**を持つことで、きちんと言うべきことを言えるようになるとも主張《しゅちょう》しています。

これらをふまえて、**賛成か反対か**の**立場**をはっきりと示《しめ》し、**根拠**とともに、自分の意見を書きましょう。

ポイントチェック

賛成か反対か「自分の立場」

そのように考える 根拠

まとめ

例 私は反対です。なぜならこの人は自分の本心に従って行動していないので、後で自分の行動を後悔してしまうおそれがあるからです。本文の筆者は「感情」と「意見の相違」についてしっかりとした考えを持っていないと後悔してしまうことがあると述べています。私も相手に遠慮して自分の言いたいことが言えずに情けない気持ちになった経験があるので、感情に流されず意見をはっきり言えるようになりたいです。

入試問題にチャレンジ

問題 本冊88ページ

問

例 まず今、サンドロがどんな気持ちでいるのかを聞いてみます。きっと悔《くや》しさや怒《いか》りがあると思います。そこでサンドロに、そういった気持ちと向き合って自分の闇《やみ》を認《みと》めることがよい演奏《えんそう》につながることを伝えます。サンドロは自分に自信がありプライドも高いので、相手から否定《ひてい》されることを嫌《きら》います。自分の闇に向き合うことで人の苦しみや悲しみが理解《りかい》でき、それを表現《ひょうげん》することが技術《ぎじゅつ》を磨《みが》くことよりも聴《き》く人の心を動かす演奏になることを理解させるように声をかける方がサンドロを素直《すなお》にさせると思うからです。

解説

この文章では、「ぼく」と同級生のサンドロの**音楽に対する考え方のちがい**を読み取ることが重要です。二次審査《しんさ》のあとの「ぼく」のことばに注目し、「ぼく」の考えをつかみましょう。

問 この設問《せつもん》では、この直後にサンドロにより良い演奏ができるようになるための**助言**をするならば、どのように声をかけるか、という内容《ないよう》を、**理由**とともに書くことが求められています。

　最後の場面で、「ぼく」は、サンドロの音楽には、**苦しみや悲しみなどの「闇」**がないと指摘《してき》しています。サンドロは、音楽を論理《ろんり》的《てき》に解釈《かいしゃく》しているため、高い演奏テクニックをもっていても、**感情**《かんじょう》を乗せて演奏することが苦手であるようです。そのため、オーディションで、ドラマティックで情熱的な曲である『カルメン』を演奏しても、審査員に評価《ひょうか》されなかったのだと考えられます。

　しかし、サンドロは「ぼく」の指摘を最後まで聞こうとせずに、立ち去ってしまいました。

　サンドロは、毎日三時間も練習し、友だちや学校などすべてを犠《ぎ》牲《せい》にしてまで、音楽に打ち込《こ》んできました。そのため、自分の演奏に**強い自信とプライド**をもっていて、「ぼく」など他の同級生を見下してしまっている部分もあるようです。

　さらにこのときは、サンドロがオーディションに落選した直後です。一方、見下していたはずの「ぼく」は、オーディションに合格《ごうかく》しています。

　そんな中、感情的になった「ぼく」に、自分の演奏の欠点をずばりとつきつけられて、**悔**《くや》**しい気持ちや怒り**がつのり、**素直**に指摘を受け入れられなかったのだと考えられます。

　これらの前提《ぜんてい》をふまえると、「ぼく」の指摘した内容自体は正しいと思われますが、「ぼく」が言ったことをそのままなぞるのでは、サンドロは聞き入れてくれないと考えられます。

　どうやったらサンドロが**素直**な気持ちで受け入れてくれるかを考えながら、「ぼく」とは異《こと》なる表現《ひょうげん》や接《せっ》し方で、彼《かれ》のためになる**助言**を書きましょう。

ポイントチェック

例　まず今、サンドロがどんな気持ちでいるのかを聞いてみます。きっと悔しさや怒りがあると思います。そこでサンドロに、そういった気持ちと向き合って自分の闇を認めることがよい演奏につながることを伝えます。

助言の具体的な内容・方法

サンドロは自分に自信がありプライドも高いので、相手から否定されることを嫌います。自分の闇に向き合うことで人の苦しみや悲しみが理解でき、それを表現することが技術を磨くことよりも聴く人の心を動かす演奏になることを理解させるように声をかける方がサンドロを素直にさせると思うからです。

助言をした理由

アドバイス

自由記述《きじゅつ》が苦手だという人の多くは、大きく真っ白な解答《かいとう》らんをきっちりうめる、何百字という文字を書き切る、といった「山の頂《ちょう》上《じょう》(=ゴール)」を強く意識《いしき》しすぎて、解答しようという気持ちが最初からうせてしまうようです。しかし、**まず大切なことは、「山の頂上に絶対《ぜったい》にたどりつく」ことではなく、「最初の一歩をふみだす」こと**です。

この問題で言えば、走っていってしまったサンドロに対して、どのような立場や姿勢《しせい》で、どのような助言をしてあげるのがよいかを落ち着いて考えてみれば、とりあえず問いに対する答えを書きはじめることができるでしょう。

「完璧《かんぺき》に正しい答えでなくてはならない」、「必ず指定字数の八割《わり》の字数は書かなければならない」といった強迫《きょうはく》観念のようなものに苦しむ人も多いようですが、問題で示《しめ》された条件《じょうけん》さえ満たせば、あまり難《むずか》しく考える必要はありません。まずは、**楽しんで、問いかけられたことに対する自分の考えを書いてみましょう。**

最初の一歩がふみだせれば、「山の頂上」は着実に近づいてきます。